爱情不就是这样吗，跌倒痛了再爬起来

盛蔚 著

译林出版社

图书在版编目（CIP）数据

爱情不就是这样吗，跌倒痛了再爬起来 / 盛蔚著. — 南京：译林出版社，2013.11

ISBN 978-7-5447-4532-1

Ⅰ. ①爱… Ⅱ. ①盛… Ⅲ. ①爱情-通俗读物 Ⅳ. ①C913.1-49

中国版本图书馆CIP数据核字（2013）第242961号

书　　名　**爱情不就是这样吗，跌倒痛了再爬起来**
作　　者　盛　蔚
责任编辑　陆元昶
特约编辑　高　媛
出版发行　凤凰出版传媒股份有限公司
　　　　　　译林出版社
出版社地址　南京市湖南路1号A楼，邮编：210009
电子邮箱　yilin@yilin.com
出版社网址　http://www.yilin.com
印　　刷　北京佳顺印务有限公司
开　　本　700×1000毫米　1/16
印　　张　13.75
字　　数　165千字
版　　次　2013年11月第1版　2013年11月第1次印刷
书　　号　ISBN 978-7-5447-4532-1
定　　价　29.80元

译林版图书若有印装错误可向承印厂调换

目录

第二辑　男儿有情伤

前言

走过雨季，开启第二人生

做情感倾诉记者已经是第七个年头了。七年来，听到、见到了无数个与爱情有关的故事。这其中有笑，有泪，有忧伤，也有喜悦，当然也不乏怨恨。这些正值青春年华的男孩女孩的经历，常常会让我感觉到一丝心痛——他们都是怀揣着对爱情的美好向往，或义无反顾或小心翼翼地进入这人世间最美妙的情感中，可却又在现实的种种羁绊下跌倒。

上海姑娘黎俪，在酒吧邂逅伊朗男孩S。这个相貌英俊的男孩没有费什么周折就俘获了黎俪的心。黎俪不顾一切地爱上了S，把她认为最珍贵的东西也毫无保留地献给了他。因为她已经认定，这个人就是自己一辈子的爱。黎俪甚至放弃了难得的学习、升职机会，只是为了照顾S的大男子主义。可是在她一次次痴情付出时，S的种种言行已经表现出，他对黎俪并无真心。

虽然黎俪找我已是六七年前的事，但我对她印象深刻。她在讲述她和S的故事时，语气平静，只是回忆到动情或伤感处，会有点哽咽。我知道这是内心波涛汹涌之后的宁静，一种纠结、疼痛过后的释然。尽管和我讲述时，她心中依旧偶有波澜，但正如她自己所说，经历了这段盲目的爱情后，她更懂得了亲情、友情的重要，也更懂得了爱惜自己的重要。我相信，她之后的爱情路会走得更顺利些。

另外一个让我印象深刻的便是兰幽。当时才20岁的她，所经历的事情令见过无数情感波折的我都有些惊讶，甚至是心疼。一个豆蔻年华的女孩，为了追逐从小就崇拜且爱慕的那个人，忍受了那么多常人难以忍受的痛苦，这种爱该有多么强大的力量！然而这样的爱情终究只是一座海市蜃楼，充满悲情的结局虽不意外，却令人遗憾。而让我欣慰的是，兰幽丝毫没有自暴自弃的念头，因为她找到了一个抒发情绪的渠道——文学。这个被风暴摧而未残的柔弱女孩，哪怕今后的人生路依旧不平坦，可她的信念必将支持她闯过一道道难关。

而漫雪的故事则是我做情感倾诉记者这么多年来遇到的最特殊的一个。她暗恋着的男孩爱上了另外一个姑娘，这本已让她难受，没想到男孩又过早地离世，并在离世前嘱托漫雪，让她帮他在女友那里多“活”半年。这个任务的艰巨可想而知。我无法想象漫雪在执行暗恋男生的遗嘱过程中经受的痛苦，因为她在和我交谈时表现得那么淡定，淡定到仿佛是在陈述别人的故事。

我所撷取的这些故事，就像是一朵朵沾满雨水的花朵，有点湿漉漉，有点忧伤，却依旧能在雨后的阳光下绽放出娇媚与绚烂。

摔过才会行走，苦过才能品尝甜的滋味。我们都希望自己的爱情能顺利地过渡到婚姻，可是并非人人都能如愿。但这样那样的挫折又何尝不是一种财富呢？它会让我们懂得珍惜，学会辨别，并且理解爱的意义，等到我们成熟时，也许就能收获一颗健康的爱情果实。

第一辑

天使不流泪

每个女孩原本都是天使，但是自从遇到了心爱的男孩，她们就折断翅膀来到了人间。她们为了爱，放弃了整个天堂……为爱而生的女孩们，有谁让你们欢笑又让你们哭泣呢？

黎俪是个声音甜美的上海女孩，听她说话是一种享受。让人惊讶的是，她清清楚楚地记得她和伊朗男孩相处的每一个细节。可是，她的故事不免让人会为她感到心酸；一旦爱到失去尊严，她将注定受到伤害。

爱上了那个伊朗男孩

主人公：黎俪 / 女 / 25岁 / 私营业主

偶然邂逅，我爱上伊朗男孩

和S第一次相遇的情景至今仍清晰地在我脑海里反复播放。

那是2005年的最后一天，我陪一个刚刚失恋的好友在新天地酒吧迎接新年。玩了一个小时，好友又要我再陪她去衡山路的酒吧跳舞，我只好答应了。跳舞时，我总觉得有人在注视我。好友提醒说，我背对的那个角落有个男孩一直在盯着我看。正说着，那个人已经走到我身后，用很生硬的汉语说：“我要请你跳舞。”我一下子没反应过来，只是下意识地伸出手，接受了他的邀请。

闪烁的灯光下，我才发现请我跳舞的是一个浓眉大眼且有着浓密卷发的外国男孩。虽然在上海经常可以碰到外国人，但看着眼前这张英俊的脸，我还是禁不住紧张起来。通过简单的交谈，我了解到他是伊朗人，叫S（他名字开头的字母），在这边的大学学习汉语，他父亲在上海开了一家公司，这些都让我对他好感倍增。

一支曲子很快就完了，结束前，S在我额头上轻轻吻了一下。我又惊又喜，心怦怦乱跳。我以为这只是他们的礼节，再没有多想。就在我准备离开时，他又要我的电话号码。我犹豫了，因为我觉得那种场合不适合透露自己的联系方式，可看着他一脸真诚的表情，我还是告诉了他。好友知道后骂了我一顿，说不该随便把电话号码给一个外国人。而我并不后悔，心里还隐隐地有种期待。

第二天晚上八点，一条“黎俪，认识你我很幸福！”的手机短信整点到达。不用猜我也知道这是S发来的，我好高兴，赶紧给他回了短信。很快，他的电话就来了，他的汉语不熟练，我的英语也不太好，交流起来很不方便。可是我们之间很有默契，很多话不用说完，甚至只说一个字就能明白对方想要表达的意思。

当S得知我比他大三岁时，他沉默了一会儿，我也有一点点失望，但那感觉转瞬即逝。电话里，他磕磕巴巴地说，希望我做他的女朋友。我不知道该不该说实话，我有一个交往了快两年的男朋友。灵机一动，我用了一个很模糊的词——maybe（可能），他又沉默了。我忽然有种很心疼的感觉，仿佛是我伤害了他。于是，我问他是否能真心对我好，他没有立即回答，而是如释重负般地笑了。他这一笑，将我的整个防线彻底击溃，我奋不顾身地投进了爱情的漩涡。

我很快向男友提出了分手。尽管他很难过，但我决心已定，不会再改。

S是个有点孩子气的大男孩，对我却很细心。记得我们认识的第四天，天气很冷，我们和他的几个朋友一起吃完饭准备往外走，没想到S忽然弯下身帮我扣大衣纽扣。看着他的朋友们惊讶的表情，我的心在那个寒冷的夜晚立即变得温暖如春。

1月10日，在我和S认识的第十天，我们的关系发生了根本性的变化，至少我是这样认为的。

那天晚上11点多，S给我打电话说他生病了，他爸爸这几天都在外地，没人照顾他。我又担心又心疼，不顾妈妈的阻拦，跑出去给他买药。当时药店都已关门，我跑了很多地方才在一个24小时药店买到了药，把药送到他家时差不多已经凌晨一点了。督促S吃了药，我的心才算落了地。我准备回家，S却拉着我说："这么晚了，我不放心你一个人走，你就留下来吧！"我没同意，他有点生气了，说："你一定要让我为你担心吗？"拗不过他，我只好留下。

于是，那一夜，我把第一次给了他。半夜里，我一下子哭了。S紧紧地抱住我，说我是个好女孩，他一定会负责，我们会永远在一起。他的承诺让我得到安慰，我也从心底里认定他就是我这一生的唯一。

早晨起来，我看到S正在厨房里忙着做早餐，阳光透进房间，那场景特别温馨。虽然他做的早餐是最简单的烤面包和煎鸡蛋，但我却觉得那是我二十多年来吃过的最可口的早餐。一直到他父亲回来前的三四天，我都请了假天天和他在一起。白天他上课，然后去他父亲的公司处理一些事务；我就在家做家务，晚上我们一起做饭。那几天可以说是我一生中最幸福最值得留恋的日子，因为那就是我梦寐以求的生活——温馨而浪漫。

他的霸道，我的妥协

一个星期后，我们有了第一次争吵。当时我和S在餐馆吃饭，中间我接了两次电话，是我很要好的男性朋友打来的，S很不高兴。电话第三次响起时，他要替我接，我坚决不让，于是我们吵了起来。他凶巴巴地质问我为什么会有这么多男朋友，我气得转身就走，边走边哭。没走多远，S追上来了，他一个劲地向我道歉，说是因为太在乎我才会那么激动。他的解释让我一肚子气顿时全消了。只是从这件事后，我几乎中断了和所有朋友的联系，甚至要求那些男性朋友不要给我打电话，这只是为了不惹S生气。

由于我的妥协，我们和平地过了一个月。

2月初，我所在的公司决定派我去外地进修半年。这可是个极其难得的机会，公司里很多人做梦都想去，不仅因为这个进修的层次很高，更因为进修回来就可以升职。我得到这个通知时欣喜若狂，第一个反应就是给S打电话，告诉他这个好消息。可他还没听完我的话就生气地说："你是女人，怎么可以出去那么长时间？那我怎么办呢？"他的反应像一盆冷水，将我的满腔热情浇熄。我知道他们国家的男人都很大男子主义，不能接受女人出去工作，可这是在中国啊，我必须要为将来的生活和自己的前途着想啊！可是无论我怎么解释，他就是不同意，只给我两个选择：要么不去，要么分手。我赌气地挂了他的电话，一件本来值得庆贺的好事落得如此结果，我没法理解。

那天晚上，我几乎想了整整一夜，最后决定，放弃进修。工作上的机会可以通过努力再争取，而爱失去了就不会再来。

第二天一早，当我把这个决定告诉经理时，他惊讶地问我："你是不是疯了？这个机会可是让很多人争破头的，你居然就这么轻易地放弃了！"我很坚定地说："在我心里，爱是第一位的！"经理无奈地笑了，说我是个傻丫头。

下班后，我直接去了S的学校，打电话叫他出来，想把这个消息告诉他。等了二十多分钟S才出来。一看到他，我忽然想跟他开个玩笑，就故意说我还是要去进修。他很平静地说："你去吧，我不能耽误你的前途。"听到这样的回答，我好失望。回家后我才打电话告诉他，其实我为了他已经推掉了这次进修。谁知他一听竟勃然大怒，说："你这个人怎么能这样反反复复！你究竟什么意思？到底你哪句话是真的？我以后还怎么相信你？"他一连串的指责差点把我打懵，我委屈的泪水止不住地往下掉。接下来的三天我都把手机关了，不想和他联系。

到了第四天，我记得是个星期五，我还是忍不住主动给他打了电话。他先装作没有听出我是谁，然后冷冰冰地说要和我分手，因为他无法再信任我。不管我怎么解释，他都不改口。挂了电话，我哭得肝肠寸断。妈妈知道了原因后，立即给S打电话，我以为她会责备他，没想到妈妈竟然在电话里哀求他，请他不要伤害我。

妈妈说完后，我也向S保证，以后再也不骗他了，只要不分手，我会做得比以前更好。终于，他答应跟我和好。

反反复复，我的爱没有了尊严

两天后的2月14日，重归于好的我们一起度过了一个幸福的情人节。可是到了16日，情况又变了。我下班给S打电话，他没接，过了一会儿他回电话时我就觉得他的声音有些不对，语气很冷淡。他没说几句就推托身体不舒服，要休息。我心里隐隐感到不安，却只能安慰自己不要多心。

2月17日，又是一个星期五。S给我打来电话："黎俪，你是不是要和我结婚？"听到这话，我以为他要向我求婚，别提多开心了。可他突然话锋一转，说："我们永远都不可能在一起。"我问他为什么，他却不肯说，只是要我到他住的小区去。我赶紧打车过去，他已经在小区门口等着了。见到我，他把头上的运动帽帽檐往下压了压，说："我们找个地方说吧。"然后就用他的摩托车载着我去了附近一家永和豆浆。坐下后，他始终不摘帽子，眼睛也不看我，只顾自己说话。他说我们是两个不同国家的人，语言、文化、信仰等方面有太多的差异；而最关键的是，我比他大三岁，这在伊朗是不允许结婚的。他的整个家族都在反对，我们绝对不可能结婚。虽然他说得很绝，我还是抱着一线希望求他，向他保证：语言不通我可以学；信仰不同，我可以去信他们的宗教；除了年龄，其他任何困难我都能克服。可他还是很决绝地说不可能，他的家族和他的国家都不可能接受。

那天，永和豆浆里反复播放着杨丞琳的《暧昧》。听着这首歌，透过玻璃窗，我看到外面有一对情侣，男孩正在给女孩系大衣扣子。这温馨的一幕勾起了我美好的回忆，我的眼泪不争气地流了下来。我曾经以为，这一生只可拥有一个男人，而S就是这个唯一。我把自己最宝贵的东西都给了他，结果他却说这一切都不可能了！

我紧紧抱着他，哭着求他不要分手，他依然无动于衷。

走出永和豆浆，S替我拦了一辆出租车，把我推进车里他扭头就走。我怕从此以后再也见不到他了，摇下车窗拼命地喊他。S只好跑回来，从打开的车窗握住我的手，跟着慢慢启动的车一起跑，边跑边说："答应我，不要再给我打电话了！"最后司机看不过去了，让我下了车。抱着S，我嘴里还是一个劲地重复着："我会努力的，不要分手，好吗？"他把我推开，还是那句话："我们不可能的，你走吧，不要再来找我了。"说完，他骑上摩托车走了。我一个人孤零零地站在那里，看着他渐渐远去的身影，心痛得无法呼吸。

和S分手后，我整个人都是恍恍惚惚的，一个月只上了几天班，公司警告多次后将我辞退。在家里躺了一个多月，我脑子里除了S什么都装不下。5月，我实在控制不住自己，又不争气地给S打电话，约他出来谈谈。我想告诉他，为了他我什么都愿意做。

S同意和我见面谈，想到又能见到他了，我立刻精神焕发。到了约定的时间，我早早地赶到他家对面的麦当劳里等着。从下午一点一直等到晚上八点，我才看到他远远地朝我这边走来。我满怀喜悦地等着他过来，谁知他却转了个弯，朝另一个方向走去。我仔细一看，才发现有个女孩在那边等着他，两人一起上了出租车。

我正要失望地回去时，S的电话来了，他说他知道我都看见了，要我在原地等着。过了一会儿，S带着那个女孩走到了我面前。他看我的眼神非常冷漠，还问我是谁，干吗老是缠着他。他身边那个女孩也很轻佻地说："你要干什么啊？现在又不是六七十年代，喜欢就在一起，不喜欢就分开，你怎么还这么老土！你不就是跟他上过床，至于这么死缠烂打吗？"

我这时才看清这个女孩，她年纪不大却穿着暴露，浓妆艳抹，头发染得五颜六色，俗不可耐。更让我心寒的是，我如此珍视的那段经历，S竟然都告诉了她！

我不想理那个女孩，只问S为什么要这样对我。还没等S回答，那女孩又说：“他一个年轻男人在中国，没女人陪着多难受啊！”S也接着说：“对，我就是因为太寂寞了才找你的！”我实在受不了这样的侮辱，逃一般地离开他们，一个人在马路上狂奔。我的眼睛淹没在泪水里，什么也看不见，我差点被车撞到，还被司机狠狠骂了一顿。委屈、绝望、羞愧……一时间都涌上心头，我再也挪不动脚步，蹲在马路边痛哭。

这件事之后，我以为我不会再和S有什么瓜葛。可是5月30日那天，我在家清理书桌，发现了那本准备送给S的书，里面每一个汉字我都用拼音标注得密密麻麻。S不认识汉字，只能通过拼音阅读，这本书就是我们刚认识时我特地给他买的，然后花了两三个月的时间，每天熬夜一个字一个字地标注好的。本来早就应该把书给他，可是由于分手的事，我心情不好，忘记了。

拿着书，我又忍不住去了他住的小区。给他打电话没人接，我只好请保安转交。我在外面转到天黑时再去问保安，他说已经把书交给S了。不过，保安停顿了一下，说S拿到那本书连翻都没翻就扔进了垃圾箱，说是家里这样的书太多了，用不着。

正说着，一辆车开进小区，保安告诉我，那是S父亲的车，父子俩都在车里。大概他们也看见我了，他父亲喊我过去，不知为什么，我忽然胆怯起来，转身走了。后来听保安告诉我，他父亲很生气，要保安以后看到我就把我赶走，不许再来骚扰他们。

保安很同情地对我说：“我看得出来，你是个好姑娘，为他那样的人真是不值得。你父母知道了会很伤心的，快回家去吧！”他的话深深地触动了我，让我想起了在家中为我急得头发都白了的父母。有好多次我夜里睡不着，听见妈妈一个人躲在卫生间偷偷地哭。他们曾经非常反对我和S交往，因为他们凭经验就觉得他不是个能给我幸福的人，而我不仅不听他们的意见，还常常惹他们生气。想起这些，我禁不住失声痛哭起来。

恰巧当时我一个很久没联系的好朋友给我打来电话，他得知了这件事后什么也没说，只问我要了S的电话号码就挂了。过了几分钟，朋友又打过来，语气中满是愤怒，他说："这个伊朗人怎么这么过分！他们那么尊重自己国家的女性，却玩弄我们国家的女孩，连句道歉的话都没有，只扔给我一句英文'She was happy，I was happy，now it's over（她快乐过，我也快乐过，现在已经都结束了）'！"朋友担心我一个人在外面想不开，和他女朋友一起赶过来把我送回了家。

和S彻底分手后，朋友们张罗着帮我开了一个小店。前不久，父母也给我介绍了个条件很不错、对我也非常好的男孩，让我渐渐从阴影中走了出来。

为了那段盲目的爱，我曾经不顾一切，甚至不惜丢掉亲情、友情、事业、尊严。而当我失去爱情时，我才猛然发现，其实生活中还有更多值得我去珍惜的。

走过“失恋”的雨季：

痛过之后，便是一个成熟的你

有一种痛叫作“生长痛”，在我们的身体迅速发育、走向成熟的过程中，肌体会有一些不适应，从而产生疼痛。然而，这种痛并不可怕，因为痛过之后，我们会惊喜地发现：我们长大了。

生理如是，心理亦如是。谁的青春不是痛并快乐着？经历了痛苦，我们才能更深切地理解什么是幸福；经历了挫折，我们才能明白人生的意义。也许在这些挫折与痛苦中，我们失去了一些东西，但何尝不是这些失去，让我们更懂得珍惜拥有？

用感恩的心去面对每一次挫折，因为，挫折是我们走向成熟的开始，也是我们成长中的财富。

“我很迷茫，爱情和金钱我们到底该依赖什么？”年轻的简之亦一开始就抛出了这个困惑着她的问题。能有这样的疑问，一定是她正面对着这样的选择。果然不出所料，被爱伤害过的她在感情的路上失去了方向，当很多选择出现在面前时，她不知道该往哪边走。

情伤后遗症：我还要不要相信爱情？

主人公：简之亦 / 女 / 20岁 / 学生

家庭的阴影

这几天我总是在想，我在感情上如此不顺，是不是和我的家庭有关？不是有个说法嘛，家庭的和谐度影响孩子日后的感情生活。这话虽然不绝对正确，但对我而言，却是真理。

我爸爸是个商人，头脑精明，外形俊朗，不仅很会挣钱，也很招女人喜欢。我妈也很漂亮，自从嫁给我爸后就辞去工作，做起了全职太太。在我五岁前，家里还算和谐。可随着妈妈渐渐年华老去，她的竞争对手便越来越多了，时常会有一些年轻漂亮的阿姨打电话找爸爸。

妈妈一定是非常爱爸爸的，她受不了那些莺莺燕燕的骚扰，经常和爸爸吵。爸爸嫌烦，干脆连家都不回。妈妈只能在家哭，我和哥哥也无能为力。这样的状态持续了很多年，妈妈的精神状态一天不如一天，曾经那么爱漂亮的她，不再讲究穿什么衣服，梳什么发型，每天到了晚上就守在门边等着爸爸回来。爸爸偶尔回来一次，妈妈便激动地抱着他。可是，我在爸爸眼里看到的只有嫌弃、厌恶。直到有一天，爸爸回来很冷漠地对妈妈说出了“离婚”二字。妈妈似乎一直害怕听到这两个字，她仿佛触电一般，浑身发抖，哭着跪在地上求爸爸不要这样。爸爸不理，妈妈便缠着他哀求，终于把爸爸惹恼了，他对妈妈又是拳打又是脚踢，直到妈妈松手趴在地上不动。

妈妈醒过来后，眼神变得很空洞，眼睛直直的，看得我头皮都发麻。很快我和哥哥就明白，妈妈疯了。那是2003年，我还在读初中，哥哥已经成年，血气方刚的他看着可怜的妈妈，脸涨得通红，拳头捏得咯咯作响，咬着牙恶狠狠地挤出了一句话：“我一定要好好教训那个家伙！”

两天后，爸爸鼻青脸肿地回来了，他气愤地说哥哥太不孝了，竟然跑到他公司去打他，要不是看在他是自己的儿子的分上，他肯定要把他扔到派出所拘留几天。说完，他命令我：“把你妈的衣服收拾一些，等会儿把她送到医院去！”

就这样，妈妈被送到了精神病院，哥哥和爸爸打完架后便一去不返，孤单的我只好去了爸爸的另一个家。一个曾经完整的家就此支离破碎，我的心也从此伤痕累累。

爸爸的新欢是个年轻的女人，没有妈妈漂亮，也不如妈妈有气质，我看到她就觉得心里窝火，不想和她共处一室。于是我提出住校，只要爸爸每个月给我钱就够了。对我这个意见，爸爸和他的新欢恨不得举双手赞成，因为我就是个没人待见的累赘。临走前，我趁爸爸取车的机会冷冷地对那个女人扔下一句话："别得意早了，你会有报应的！"说完我扭头就走了，把那张气得煞白的脸甩在了脑后。

可惜，这个诅咒还没在那个女人身上应验，倒先应验在了我自己身上。

由于家庭的变故，我开始成熟起来，什么事都自己去面对。在外人面前，我坚强、懂事，私底下我却常常因为孤独无助而偷偷哭泣。为了排遣心中的不安，我唯有拼命看书、做题，不想成绩突飞猛进，高考时发挥不错，考上了一所知名大学。爸爸知道后很是高兴，逢人就说他基因好，根本不用管，女儿也能考上一类大学，而且他还很自觉地增加了我的生活费。我知道，这并非爸爸突然关心我了，而是我的成绩给他脸上添了光。

落入了圈套

上大学没多久，就不断有男生追求我，可我认为，男人都是些用下半身思考的动物，与他们为伍是我的耻辱。拒绝的人多了，我的傲慢清高便在校园里出了名。其实只有我自己知道，我哪里是清高，我是胆小，害怕被男人玩弄、伤害。

然而，我越是怕什么，什么就越会找上我。

2009年的暑假，我又是在姨妈家过的。姨妈因为我妈妈的事，非常憎恨我爸爸，但对我很疼爱，总是要我休息的时候去她家改善伙食，还要我平时如果不想去爸爸那儿，就住在她家。于是，这几年来我去姨妈家的次数远远多于去爸爸家，我和表哥关系也很好，他待我像亲妹妹一样。有一天中午，姨妈家来了客人，可姨妈和表哥都在睡觉，我只好接待了这个客人。这人是个年纪和我相仿的小伙子，长得挺精神。一见到我，他显得有点惊讶地问：“你是谁啊？”一边问，一边用眼睛上下打量我。这哪像客人？我被他看得有点生气了，问他：“我还没问你是谁呢？”说完我狠狠瞪了他一眼。他倒好，一点不拿自己当外人，脱了鞋就进屋坐下，还哈哈笑着说：“你一个女孩，干吗这么凶啊？”我不想理他，可又不好放他在客厅不管。正尴尬着，姨妈和表哥被我们说话的声音吵醒了，表哥一看到他就说：“哟，钟廉来了？”接着就介绍道：“这是我小舅子钟廉，这是我表妹简之亦。”“原来咱们是亲戚呢！”钟廉一脸坏笑地看着我说。我懒得理他，扭头进屋了。

当天晚上，钟廉就给我发来了短信，说既然咱们是亲戚，就应该和睦相处。我知道一定是表哥把我的手机号泄露给了钟廉，可我依旧不理睬他，他也没再骚扰我。

原以为事情就这么过去了，不料一周后，表哥忽然问我：“听说你想和钟廉谈恋爱？”我惊得差点跳起来，说：“谁说的？”表哥表情怪怪地看了我一眼，说：“好几个朋友都问我，说钟廉跟他们说我表妹喜欢他，总是缠着他。你真的喜欢他了吗？”我听完后竟然一点都不生气，笑着说：“这人真是搞笑，我连他长什么样都不记得！”表哥撇撇嘴说：“这家伙还说你配不上他，简直胡扯嘛！”

钟廉居然说我配不上他？他凭什么这么说，我可没看出他有什么比我优秀的！越想越觉得不服气，我瞬间放下了自己的防线，决定和这个钟廉较量一下。于是，我给钟廉发短信，质问他为什么在外面造谣。短信一发出去，他的电话就来了，说他这是没办法，不这样做，我怎么会理他。我被他气得笑起来。

就这样，我和一个曾经看不顺眼的男生谈起了恋爱，也就此陷入了痛苦与伤害中。

钟廉比我大两岁，中专毕业后断断续续打过一段时间的工，他说那些老板都太黑心，事情让他做得多，钱却能少给就少给，给他们打工太憋屈。因此，他一直没有再工作，总是充满雄心壮志地说要自己当老板。可说是说，我并没有见到他有什么实际行动甚至计划。

钟廉是个很会讨女孩欢心的人，他可以什么都不做，仅凭一张嘴就能哄得我很开心。比如我来例假肚子疼，他就会用他热乎乎的手掌帮我轻轻地揉，说他就是我的爱心热水袋，替我活血化瘀，祛除百病。尽管肚子还是疼，可听他说的这些话，我心情轻松了很多，很快就能依偎在他怀里睡着。

很快，暑假过去了，我不得不返校。好在学校就在本地，钟廉抚着我的头发说他会经常去学校看我的，同时警告我说："不许理别的男生啊，小心我吃醋。我吃起醋来很可怕的呢！"我被逗得哈哈大笑。

钟廉果然兑现诺言，隔三差五就到学校找我，带我出去玩。他知道我每个月有两千多元的生活费，因此每次出去都是让我买单，他说他现在没钱，但迟早有一天他会成为富翁，让我享尽荣华富贵。当时的我并不在乎他会不会有钱，只希望他一直对我好就够了。我买单又算得了什么呢？爸爸有钱，可妈妈也没有得到什么啊。

他的真面目

钟廉的消费渐渐让我有点吃力了。他今天要买个山地自行车，明天要买个笔记本电脑，衣服也都要名牌的，我还要承担我们一起租房的费用，我那点生活费哪里够？几个月下来，我以前存的一点钱也被他全部花光了，我只好找爸爸要。起初爸爸什么都不问，直接给钱，可次数多了，他起了疑心，问我最近干什么了，花钱这么厉害。我没有解释，爸爸也不再继续追问，可他的新欢的眼神我看到了，那是一种明了一切的眼神。是啊，她是过来人，有什么不懂的。

又过了一个多月，我因为身体不舒服去医院检查，竟查出怀孕了。当时我手头的钱不够做手术，我找钟廉要，他说他也没钱，让我找我爸爸要去。可我不敢找爸爸，我害怕他的新欢的眼神。无奈，我只好找姨妈借钱。在姨妈的再三追问下，我如实招供。姨妈大怒，命令表哥把钟廉找来。我哭着求姨妈不要把事情闹大了，只要借钱给我就行，我以后一定会还的。姨妈生气地带着我去医院做了手术，并将这事告诉了我爸。

也许是受了新欢的怂恿，爸爸震怒之下打了我，还说以后绝不会再给我钱，除非我和钟廉那个臭小子断绝关系。我倔强地看着他，就是不答应，他气得扭头就走了。

本以为我的坚定会换来钟廉对我加倍的好，谁知他却对我冷淡起来，和我在一起总是一副心不在焉的样子。我记得很清楚，2010年3月22日是个星期六，我在出租屋里等着钟廉，如果是以前，都是他到学校去接我的。一直等到我睡着了，他才带着一身酒气混合着香水味回来了，一回来就倒头睡觉，任我怎么喊他摇他他都不理。无计可施，我只有流着眼泪躺下。就在这时，他的手机短信提示音响了。他没有一点反应，我迅速抓过来看。短信的内容是：“真舍不得你回到那个蠢丫头身边。”不用说，这一定是个女人。

我一夜没合眼，直到钟廉醒来。他睁眼看到我的样子吓了一跳，当我把手机拿到他面前，他眯着眼睛看了一下说：“就为这个啊？”我逼问他究竟是怎么回事，他一点也没有打算隐瞒的意思，说有三个女人很喜欢他，成天缠着他，他也没办法。

三个女人？我简直不敢相信自己的耳朵：他和我在一起的同时还和另外三个女人有来往？钟廉对此没有否认，还摆出一副无可奈何的样子，仿佛他很无辜，责任全在我们这些女人身上。他怎么跟我爸爸一样？哦，不，他还不如我爸爸，至少我爸爸会挣钱，而他连这个本事也没有。我和他在一起，快乐越来越少，身体、感情、金钱的付出却越来越多，我还有必要继续吗？

这段感情从一开始就是错误，冷静下来后，我决定结束它，以免像我妈妈那样，所有的一切都付出后，自己却落得生不如死。

第二天我就收拾行李准备搬出出租屋回学校，钟廉一早起来后就没了踪影，但我已经没有心情去管他了。谁知就在我出门前，一个女人出现在门口。这女人看上去有三十多岁，微微有些发胖，衣着打扮显示出她是个经济条件不错的人。那女人看到我，轻蔑地笑了一声，昂着头走进房间坐下，这才开口说："你就是那个蠢丫头吧？听说你为了钟廉得罪了家里人，还打掉了个孩子？"我白了她一眼，没有回答。她接着说："我劝你还是回学校好好读书吧，他这样的男人岂是你能养得起的？我在他身上已经花了不少钱了，喏，我肚子里的孩子也是他的，他可没说不要！他说你没钱了，不打算再耽误你的时间，特地委托我来转告你。"我感到一阵眩晕，原来钟廉是个靠女人吃饭的男人！

艰难的选择

我没有理会那个女人，拖着自己的东西默默地走了。我越想尽快逃离，脚却越发沉重，仿佛灌了铅一般。

几天后我又接到一个陌生女人的电话，她在电话里很粗鲁地骂我，要我别和他抢男人。我知道，这是钟廉的另一个情人。让我深感奇怪的是，她们都把矛头指向我。难道是钟廉指使她们这样做的？我不想追究，这个人已经与我没有任何关系了。

可是，事情还没完。一个多月后的一天，表哥给我打电话，问我是否知道钟廉在哪里。自从那个女人来找过我后，我和钟廉再没有任何联系，更不知道他的去向。表哥说，钟廉的父母到他家来找过钟廉，说他们的儿子被我勾引走了，一个月都不见人影。表哥的电话打过以后没多久，钟廉的父母就跑到学校来找我了。他们在我宿舍楼下大吵大闹，说我是小狐狸精，把他们的宝贝儿子骗走了，害得他们的儿子到现在下落不明。他们的吵闹声惊动了宿舍里的同学，大家围在旁边议论纷纷，让我无地自容。在我的再三解释下他们才气咻咻地走了，而我则受到了学校的批评。

和钟廉一年多的恋情以闹剧的形式结束，我已经身心俱疲，除了上课，每天都窝在寝室里，不和别人说话，也不参加任何活动。这样自我封闭的状态持续了将近两个月，我才在同寝室姐妹们的劝说下慢慢恢复过来。

自从钟廉父母到学校吵闹后，同校的男生基本上都对我“退避三舍”，让我清净了不少。我的心情恢复了一点后，便和几个朋友一起出去玩，偶尔也被她们拉着去酒吧坐坐。在那里，我认识了三个有钱的已婚男人。

一个是39岁的高树，4S店老板。他算得上是有钱人中的帅哥，高高的个子，卷卷的头发，戴着一副眼镜，显得有些气质。他说在酒吧里看到我的第一眼就被我迷住了，希望我能做他的情人，无论我要什么他都会尽量满足。今年过完年，他还带我去欧洲旅游了一趟。可是我一直没有答应他什么，也从不拒绝他给我的所有好处。

第二个男人是41岁的秦飞，餐饮连锁店的老板。也许和他的生意有关吧，他长得很胖，说话也是粗声大气，一副财大气粗的模样。他追求我的手段很简单——砸钱。今天一套名牌衣服，明天一瓶名牌香水，都不是什么新奇东西，价格却不便宜。他的要求就是，让我做他的二奶，只要我答应，房子车子全部给我配齐。同样，我对他也是不同意不拒绝。爸爸压缩了我的生活费，我需要钱来弥补我心灵的创伤。

第三个男人是刚刚30岁的富二代刘罡。他说他的婚姻是父母安排的，没什么幸福可言，看到我，他才知道什么是爱的感觉。他很会玩浪漫，总能制造出一些小惊喜让我激动一番。他说，只要我愿意和他在一起，他宁可不要家里的财产，自己白手起家。

可以说，这三个男人里，我对刘罡感觉更好一点，可那绝不是爱，因为我已经不会爱了。之所以他们三个我都不拒绝，是因为我发觉，我的这一辈子总得要图点什么，既然爱情已经不可能了，那么物质上我为什么不能好好享受呢？可是，每当冒出答应他们其中一个人的念头时，心底里就会冒出一个理智的声音：你这样做和出卖自己没有区别，没有爱情地活着，不如死了。

爱情和物质，假如无法两全，我究竟应该选择哪个，才不会让自己在10年、20年甚至更久以后不会后悔？

走过“怨恨”的雨季：

爱情是一种信念，相信它，它便存在

简之亦说，她之所以一定要讲一下自己家庭的情况，是因为随着她学到的知识越来越多，经历的事情越来越多，她愈加深刻地体会到父母的行为模式对子女的影响。假如她有一个和谐、健康的家庭，她的性格一定会更开朗，在和异性交往方面也会更有判断力。然而这都只是假如。她父母在处理感情问题上的方式和结果深深地伤害了她，让成年后的她一方面回避和异性相处，一方面又毫无原则，以致造成今天这样的局面。

简之亦的思考方向应该是没有错的，可如何应对已经发生的状况和问题，她还是一片茫然。不过，对于年轻如她的女孩，还是不要过早作出选择，即使你经历了很多同龄人没经历过的事情，你依然还年轻，还有很多审视自己内心的机会。不能让一次的挫折改变一生的选择。当你的人生观真正成熟后，再去思考，也许会有一个更好的答案。

“在公司里做一份薪水不高的工作，租住在一个小小的屋子里，拥有一台笔记本电脑，下了班可以在家上上网，周末可以穿着自己喜欢的衣服和同事、朋友逛街。”玉娜说，这就是她此生最大的梦想。可是，就是这么个简单到根本算不上“梦想”的梦想，对玉娜来说，也是一件极其奢侈的事。

简单梦与爱，遭遇现实便枯萎

主人公：玉娜 / 女 / 20岁 / 无业

他追求我，只是想利用我

我17岁那年就考入了四川一个艺术学校，专修服装设计。并不是我喜欢这个专业，而是我遵从了我父母的命令。他们在我出生前就开办了一个服装厂，现在已经在云南、广西和广东开了几家分厂，生意做得很大。他们只有我一个女儿，因此，我自打出生起就担负了继承家业的使命，除了学与服装有关的专业，我不能有别的选择。

由于我父母在服装行业还小有名气，所以校长对我格外器重，经常会来关心我的学习生活。到了第二学期，有一天下午刚放学，校长就来到我的寝室，把我悄悄叫出去，说带我去认识几个朋友。我很奇怪，但他没有多解释，我只好简单收拾了一下就跟着他去了一家茶馆。雅座里已经有两男一女在等着我们了。校长指着其中一个瘦瘦的年轻男子介绍说，他就是要介绍给我的朋友之一，康泳，是服装代理商。另外一个显得比较健壮的男子辉和他身边的女子丽是康泳的好朋友，辉和丽是夫妻。只是，为什么要把他们介绍给我认识，校长始终没有说。

在茶馆里聊完后，康泳主动提出送我和校长回学校。校长推脱有事，要他只送我一个人就可以了。于是，我坐进了康泳的车。他对我一直很有礼貌，把我送达后还要去了我的手机号。我是个没有任何社会经验的人，只当他是出于礼节才这样做的，也就没太在意。

第二天，校长问我康泳是怎么把我送到的，有没有说什么，我都如实地回答了他。只是他最后一句话让我有点摸不着头脑："你对康泳印象还可以吧？他觉得你很不错呢！"我不知如何作答，校长也不勉强，让我回了教室。

当天晚上，康泳就给我打来电话，天南海北地聊。他的幽默、健谈使我这个从没正经和男孩打过交道的女生对他有了好感。后来，康泳经常约我出去逛街、看电影、吃饭，有时还会叫上辉和丽，和他们在一起我觉得很开心。

大概过了一个月，康泳向我表白，要我做他的女朋友。我害羞地点点头，答应了。这时，康泳才告诉我，其实他是我们校长的弟弟。我很惊讶，说道："你姓康，校长姓刘啊！"康泳哈哈大笑，说："这有什么奇怪的，我跟妈妈姓，他跟爸爸姓啊！"原来如此。那为什么校长要把自己的弟弟介绍给我，还不让我知道他们之间的关系呢？康泳解释说，因为校长觉得我是个很优秀的女孩，而康泳一直没有找到合适的对象，于是就起了要把我们撮合到一块儿的念头，但是又怕我知道了他们的关系后有顾忌，因此就隐瞒了。这是个比较合理的解释，单纯的我也没有再多想什么，幸福地做起了康泳的女朋友。

我们快乐地相处着，以为可以就这么“永远”下去。然而，真相就是真相，总有被人知道的那一天。那是第三学期，也是最后一个学期，为了庆祝我们相识一周年，康泳和我，辉和丽，我们四个人一起在酒吧喝酒。他们特别高兴，喝了很多，我从小就被教育不准沾烟酒，所以是他们皆醉我独醒。丽虽然也喝得晕晕乎乎，但还有一点点清醒，她拉着我咬牙切齿地指着康泳和辉说：“这些男人都不是好人，他们就是图你爸爸的厂子，图你家有钱才引你上钩的！你这个小姑娘哪里是他们的对手！真可怜，可怜啊！”酒后吐真言，丽说的肯定是真的。对于天真的我，这样的话无异于晴天霹雳。康泳和我谈恋爱从始至终就是他们设下的一个圈套？他们真正想得到的只是我父母的财产，而我却傻乎乎地以为得到了纯真的爱情！丽还在絮絮叨叨地说着：“康泳早就有女朋友了，他哥俩真够黑，硬是想法把那个女孩甩了，再和我家那口子一起来算计你！作孽呀！”

我再也听不下去了，逃出酒吧，一路狂奔，任泪水流满脸颊……

直到毕业，我都没有再接过康泳的电话，也没有和他见面。对校长我也冷淡了很多，他找过我几次，我都没太理会他。估计他知道自己的如意算盘落空了，便没再来找我说这事。可能，直到现在他们还不知道自己到底错在哪步棋上了。

爱上边防战士

毕业时，同学们都依依不舍，我则更加伤感和不舍——毕业就意味着我将彻底告别自由自在的生活。同学们都羡慕我不用发愁找工作，一出校门就可以过上风光的生活，而他们还得花上很多年的时间卖力地打拼，不知道什么时候才能熬出头。殊不知，他们害怕的正是我想要的，只要能让我自己出去打工，就是拿所有家产去换我都愿意。但这样的想法哪里能说得出来呢？他们肯定会说我是身在福中不知福。

我生长在一个传统的傣族家庭里，家人的自我保护意识特别强烈。我从小就被禁止自己出去找朋友玩，就是要玩，也必须在父母的监督下才行。他们说，这个社会的坏人太多，而我们又是少数民族，容易受人欺负。而事实上，我的同学、老师和其他人都对我很好，我从没觉得和他们有什么不同，可我父母就是不相信。要不是想让我学习服装设计，继承他们的生意，他们断不会把我送到外地去读书。即便如此，他们还是会对我进行严格的看管。记得第一学期暑假，我过生日，想和同学一起过，父母就是不让我在不上课的时候回学校，他们要我把邀请的同学的名单列出来，然后给他们每人都买好往返的飞机票，请他们飞到云南来。不仅如此，我和同学们在家里的二楼开生日宴会，父母以及其他家人就在楼上、楼下和门口守着，理由是要保护我们的安全，免得我们闹过头了。同学们一看这架势，吓得都不敢随便说话，大家小心翼翼地替我庆祝生日，却一点也高兴不起来——这和坐牢有什么区别呀！

现在毕业了，我必须按照父母的安排回老家去经营一家店。我的老家是中缅边境的一个美丽城市，同时那里也是贩卖毒品比较猖獗的地方，因此整个城市设了五道关防。我每次取货都要经过其中两个，时间一长，我就和关防战士立明熟悉了。他是湖北襄樊人，长得很白、很清秀，今年刚刚提了排长，是个非常优秀也很腼腆的小伙子。

接触的次数多了，我们互相都有了好感。大概在我们认识一个多月以后，立明给我打电话，说他非常喜欢我。当我听到他说这话时，心里涌起了一阵以前从未有过的激动，我甚至都有点眩晕了。我知道，我也爱上了他。

和立明在一起我觉得特别开心。他为人朴实善良，对我也很体贴，虽然我们不能经常见面，但是他的电话问候总会不时地送到，温暖着我的心。不过，有些事情我一直瞒着他，那就是我家的情况。

我们家族里，除了我父母做生意很有钱外，我大伯父是县里的人武部部长，姑父、姨夫也都是县里有点地位的。我怕把这些告诉立明，他就不会再和我继续交往下去了。他的自尊心很强，最不喜欢别人说他靠关系才取得怎样的成绩，那对他来说和侮辱没什么区别。因此，我只有小心地保守着这个秘密，像保护着一个易碎的花瓶。

死过一次，勇敢起来

如果不是去年年底我和死神搏斗一场，也许我会就这样偷偷地和立明继续下去。那是11月初的一天，我觉得肚子疼，开始也没在意，以为是吃坏了东西，过一阵就好了。可是，到了晚上肚子却疼得越来越厉害，整整一夜我都在床上翻来滚去。无奈之下，我只好给姑姑打电话，他们立即通知了我父母，并赶来把我送到了医院。医生说我得的是急性阑尾炎，必须赶快做手术，但他们医院没有这个条件，得转移到县医院。一番折腾后，我终于躺上手术台了。这时，爸爸妈妈还在广州到云南的飞机上。医生说我的病拖的时间太久，已经错过了最佳手术期，有生命危险，而且此时手术的成功率也非常小。奶奶和姑姑吓得放声大哭，姑父、大伯他们也都不知所措，谁都不敢在那份手术责任书上签字。虚弱的我听到这些，用仅剩的一点力气坚决要求医生把笔给我，我自己签这个字。

或许是我还有很多未完成的梦想支撑了我，也或许是老天都不忍心让我在这个如花的年龄就凋谢，我胜利地闯过了鬼门关。当我睁开眼，看到窗外照进来的阳光和妈妈挂满泪水的脸，我忽然有种重生的感觉：连死神都不怕了，还有什么可以阻拦我呢？于是，我的心中开始酝酿起一个勇敢的计划。

我生病住院期间手机就没打开过，半个多月后，我出院打开手机，里面全是立明的短信。他肯定急坏了，我却觉得很欣慰——有一个我爱的人在为我担心，这难道不是一种幸福吗？我给立明回了电话，没有告诉他我刚刚经历了一场与死神的交战，只是轻描淡写地说我到外地同学那儿去了一趟，多玩了几天，忘了跟他联系。立明显然有点生气，但是在我的一再道歉下，他很快就变得开心起来。虽然我们聊得很开心，但是我的心情却很复杂，因为晚上我就要向父母“摊牌”，让他们知道我有了心爱的人。之所以心情复杂，是因为我很清楚我父母及其他家人的反应，一场海啸不可避免。可是我不想隐瞒下去了，无论会出现什么样的结果，我都要为自己努力争取一回。

吃完晚饭，我就跟父母说了我和立明的事。他们一听就拼命地追问立明的情况：家是哪里的、家里有些什么人、他现在做到什么级别了等等。待我一一回答完他们的问题，爸爸首先就阴沉着脸表示反对，妈妈见爸爸是这种态度，也马上表示反对，理由就是他家太远太穷，他本人也不会有什么大出息。

父母的态度早就在我的意料之中，所以我还是按照自己的想法跟他们解释。我跟他们说立明家虽说在农村，但并没有他们想象的穷，他也是个很追求上进的人，以后一定会让我过得很好。可他们根本就听不进去，在他们眼里，无钱无权的普通家庭想和我家结亲，那简直就是癞蛤蟆想吃天鹅肉。

本来我是想说服父母的，结果却反过来被他们教训了一顿。父亲发了很大的火，见我毫不动摇的样子，妈妈决定来点软的，她支走了爸爸要单独和我谈。

其实我父母的婚姻生活并不美满。他们俩是包办婚姻，从一开始就没有感情基础。爸爸在我很小的时候就在外面找了情人，对妈妈基本上不管不问。从我记事起，妈妈就经常一个人哭，十几年来，两个人都是貌合神离。我想，妈妈饱尝了这种没有爱情的婚姻带来的痛苦，她应该更能理解我、支持我。于是，还没等妈妈开口说话，我抢先说："妈妈，您和爸爸没什么感情就结婚了，这么多年过的是什么日子您自己最清楚，难道您也想要女儿重蹈您的覆辙吗？"妈妈的回答出乎我的意料："是啊，我和你爸是没什么感情，可是他有钱啊，他虽然在外面有女人，可他并没有不要我，还让我过得比别人有面子，吃穿玩用哪一样让我比人家差了？傻丫头啊，你和他再有爱情，时间长了也就那么回事，说到底还是有钱最重要！你明白吗？"我不明白！让我在无爱的婚姻中生活，就像鱼儿没有水，很快就会死去。

那天，我和父母的谈判失败。第二天，他们就坐飞机去广州了，因为总厂设在那边，他们不能离开得太久。临走前，他们专门去和奶奶、姑姑他们交代了一番，意思肯定是要他们把我看紧点。自然，亲戚们都知道了我和立明的事，没有一个人支持我。

压力重重，他开始退缩

父母走了以后，姑姑他们果然加紧了对我的看管。我白天在店里待着，而一关店门，他们就会来接我回奶奶家。但是，他们这样并不能阻挡我和立明约会，我常常趁着白天偷偷出去。虽然相见的时光极其短暂，可我却觉得那是我最幸福的时刻，是我生活下去的精神支柱。可是没多久，就连这么小小的幸福也被大人们无情地剥夺了。

当人武部部长的大伯父运用自己的权力开始从立明身上下手了。因为驻地部队有规定，军人不允许和当地的女孩子谈恋爱。其实，只要没有人刻意追究，军人和当地女孩子谈恋爱也不是不可以。但是，大伯父就抓住这一条不放，硬是把立明的排长给撤了。这对立明来说是一个非常沉重的打击。他凭借自己的努力，好不容易有了被继续提拔的希望，却一下子被人打回了起点，而且，那个人还是我的亲人！这样的局面让他无法接受。那段日子，他特别消沉。望着他消瘦、憔悴的脸，我心疼得眼泪涟涟。

然而，大伯父并没有停止对他施加压力。过了一个月，立明的领导找他谈话，说他是个很优秀的军人，却因为个人问题给部队造成了不好的影响，这对其他战友也是个坏的榜样。除非他和我彻底断绝关系，否则，部队就让他提前退伍。无疑又是当头一棒！尽管我们还是互相深爱着对方，可是来自外界的压力已经让立明有点难以承受了，好几次他都抓着头发喃喃自语地说这辈子彻底完了。不光被撤职，还要被提前遣送回家，以后他怎么面对对他寄予无限希望的父母啊！

我曾跪着求过大伯父、奶奶很多次，甚至以绝食相抗争，他们却一丝一毫都不肯退让。几个月来，我几乎把一生的眼泪都流尽了，却换不来家人的同情，面对我的哀求，他们永远都是一副冷漠的面孔。

原以为，我和立明的爱情可以经得起严酷的考验，可是，他放弃了。今年的6月12日，他向我提出了分手，他说以我家的态度，我们绝无可能走到一起，与其两人都难受，不如结束这段本就不该开始的爱情。接着，他说他父母在老家已经为他物色好了一个很不错的女孩子，他一回去就结婚。既然不能在事业上有所成就以回报父母，那就在婚姻上顺从父母吧，他不想老人为他操心了。听他说完这些话，我居然一滴眼泪都流不出来了，只觉得心里空空的，脑子里也是空空的，整个人都是麻木的。

嫁给缅甸贵族，我与梦想绝缘

我今年虚岁23岁，按照我们那里的习惯，女孩子25岁之前必须嫁出去，就算是身体残疾或者长得不好看的，也绝对要在25岁前结婚，否则会被视为异类，家人也会很没面子。

奶奶专门去找神婆算了，说我必须在今年的中秋节，也就是9月25日结婚，否则以后的运气就会不好。因此，家人们开始急着为我张罗相亲的事。正好这时有个和我父母在生意上有来往的缅甸人来我家提亲。他叫A，今年30岁，出生在缅甸一个做珠宝饰品生意的贵族家庭，非常富有。

A其实几年前就看中我了，碍于当时我还小，又在外面读书，他便迟迟没提。现在我毕业回了家，又到了适婚年龄，他就赶紧过来提亲了。对于A，我家是一百个满意，觉得他不仅有钱，地位还高，我嫁到他家绝对很风光。可是我一点都不想和他在一起，不仅因为我刚和立明分手，心情还没恢复，还因为他们那里有个规矩，就是贵族家的男子可以娶两个妻子。我实在无法接受这样一个享有如此特权的男人！

我给几个要好的同学打电话吐苦水，没想到她们竟然羡慕我，说可以嫁一个有钱有地位的外国人太幸福了，还烦什么呀！更过分的是，她们还要我给他们也介绍几个像A这样的男人！

我不稀罕他是外国人，我也不要钱，不要地位，只想和心爱的人相守到老，这难道错了吗？

迫于家里的压力，我和A见了面。当时我就说容忍不了他可以再娶一个老婆的规矩（其实那只是我的推脱之词）。大概是他真的很喜欢我，他竟然跑到奶奶面前发誓说只娶我一个，决不会娶第二个老婆。这让我的家人对他更满意了，而我也找不到其他更好的理由拒绝他。大人们也没打算征求我的意见，自顾自地着开始筹备婚礼了。

眼看着婚期一天天逼近，我心里的绝望感越来越强，我都可以预料到我会度过一个平庸、乏味的人生。因为，他家有规矩，女人嫁进去以后就不许工作，只能在家生养孩子、做家务，不得抛头露面。而且，A是个很大男子主义的人，就算他很喜欢我，我也必须什么都听他的，否则他就会做出一些很过分的举动。

记得有一次和他约会，我穿了一件在学校时买的绣花T恤和七分裤，这样的打扮在其他地方是再普通不过的穿着了，可在A这里却是不被允许的。他不许我露胳膊露腿，硬逼着我回家把衣服换掉了。还有一次，我脖子上戴了一块在峨眉山旅游时买的玉坠，虽然很便宜，但是我很珍惜，因为那是我和同学们一起买的，看到玉坠我就会想起他们。可A嫌那玉坠质量太差了，戴出去会丢了他珠宝商的面子，非要我摘掉扔了。我死活不答应，他干脆上来一把把玉坠扯了下来，我的脖子立刻被勒出了一道深深的红印，疼得我眼泪都出来了，可他就像没看见似的。第二天他拿了一块上好的玉坠要我戴上，可我一点也都不喜欢，就算它再昂贵，在我心中还是无法和那块廉价的玉坠相比。

我曾尝试过逃出去，只要出了云南，我就能得到我想要的自由。可是，这谈何容易？为了防止我逃跑，大伯父和所有的边防站都打了招呼，陆路我是没法出去的；我也想过坐飞机去周边国家，可没有护照我怎么出国呢？我觉得，我就是个孙悟空，永远都逃不出如来佛的手掌了。

挣扎已经无用，只有等着中秋节的来临。到那时，我就将正式被关进金色鸟笼，在那里面度过自己的余生……

走过“无助”的雨季：

不放弃梦想，就有实现希望的可能

现在的玉娜可能已经做了贵族夫人，过着衣食无忧的生活。这肯定是很多女孩子梦寐以求的事情，可玉娜恰恰相反，她要的偏偏是其他女孩极力想摆脱的简单、清贫的生活。也许，别人会说她“身在福中不知福”，但是，我能理解她。她在描述与立明之间的爱情和简单梦想时，语气中满是轻松与快乐，而在讲述现实以及被现实的力量操控的未来时，她语气中满是沉重与无奈，甚至有点愤怒。

生长在这样一个比较特殊的环境和家庭里，玉娜仅凭自己的力量难以冲破重重阻碍。在现实面前，她显得那么的弱小与无助。更让人难过的是，没有人能够理解她，无论是亲人还是朋友。在他们眼里，她就是一个不懂事的任性的小姑娘，不知道生活的艰辛，只知道一味追求不切实际的东西。

听完玉娜的讲述，我也无法给她很有效的办法，因为我不可能在一夕之间改变她家人的观念和她自己的梦想。我只希望，她在无奈的现实生活中，能尽量让自己快乐一点，微笑着面对未来，将这个小小的梦想藏在心中，等待有朝一日去实现它，让梦想真正照进现实。

何丽萍编造谎言颇有想象力。正如她自己说的，她更适合做一个演员。但是，当谎言最终被揭穿，她一度失去了友情，也失去了生活的勇气。

缺爱的人生，不能用谎言来支撑

主人公：何丽萍 / 女 / 22岁 / 暂无业

缺爱的童年

我家在江西大余。十岁以前的我，幸福而快乐，生活充满了阳光。只是，美好时光总是短暂。十岁那年，爸爸因病去世。没过多久，妈妈改嫁到了外地，继父不愿意我和他们生活在一起，坚持把我留在大余。就在我叫天天不应，叫地地不灵的时候，外公从池江赶来收留了我。

外公对我很好，他自己的日子很拮据，却省吃俭用供我读书，是他让我有了家的感觉。可是由于我妈妈的缘故，舅舅和大姨都对外公的做法有意见。虽然那时我年纪不大，但我能察觉到他们对我的冷淡。于是，我常常在心里对自己说："今后一定不能让人看不起，我要让所有人都用尊敬的眼光看着我！"

尽管我很努力，但是在那种复杂的心境下，我的学习成绩不太理想，加上外公的经济条件有限，我最后只读了个幼师。2004年毕业后，我很顺利地应聘到了一家幼儿园做幼儿教师。如果就这么按部就班地走下去，我的人生也许会很宁静，可我似乎注定与这样的生活无缘。

没有父爱，错爱成熟已婚男

2005年春天，幼儿园要给孩子们做一次全面的体检，请的是当地一家大医院的医生。体检那天，我领着我们班的小朋友到医务室，里面坐着好几个医生，正在忙着给孩子们检查。其中一个高个子、戴眼镜、三十多岁的男医生引起了我的注意。大概是因为很早就失去了父爱，我对这种成熟男性有一种特别的好感，当时就有一股想和他认识的冲动。借着为孩子咨询健康问题的由头，我很容易就得到了这个叫高建军的医生的电话。

第二天我就给高建军打了电话，在说了些关于孩子们身体状况方面的话题后，他约我一起吃饭。这件事说起来是我主动，其实他对我也不是没有想法的，否则也不会第一次打电话就约我吃饭。从那以后，我便一发而不可收拾地爱上了他，只要一有空我就会去找他，他也从不推脱，并且特别期盼。就在我以为可以将终身托付于他时，他支支吾吾地告诉我他早就结婚了，还有个孩子。对我来说，这无异于一个晴天霹雳，因为我太知道一个孩子没有父亲的痛苦了，而我当前所做的，不就是在和一个孩子争夺他的爸爸吗？

回想这一年来和高建军的交往，我既恨他，又感谢他：恨他不早告诉我他已婚，使我陷入第三者的境地；感谢他让我这一年来感受到了失去了十多年的爱的感觉。可一想到他的妻子和孩子，我就内疚不已，觉得自己像一个十恶不赦的大坏蛋。

在矛盾中挣扎了很久很久，我决定不再干扰人家的生活。但是，留在池江，我像是被施了魔法一样，总是会情不自禁地去找高建军。这样下去，我会被良心的谴责折磨死的。只有离开池江，远离高建军，我才有可能摆脱这种折磨。

2006年9月，我辞去了幼儿园的工作，对高建军撒谎说外公要我到外地替他办事，他没有多问什么就让我走了。

就这样，我孤身一人离开池江，来到了赣州，开始在这个陌生的城市里寻找落脚之处。

失去爱情，想用谎言留住友情

别看我童年不幸，我在外人面前可永远都是一副乐天派的样子，爱说爱笑，特别开朗。可能就因为这样的性格，我很快就在赣州“巨人西式快餐店”找到了一份收银的工作。这个快餐店里大部分工作人员都是和我年纪差不多的年轻人，大家相处得很愉快。没多久，我就和两个服务员成了好朋友：一个是男孩，叫姚景哲；一个是女孩，叫裴映秀。他俩都是因为家庭条件不好才放弃了读书的机会，独自出门闯荡的。

有一次，我们在一起聊天，裴映秀说她小时候差一点被人贩子拐走，幸亏警察叔叔及时相救，她才得以脱险，所以她最大的梦想就是穿上警服，做一个光荣的人民警察。姚景哲说他们村里有一户人家的儿子在政府工作，他们全家因此在村里脸面大长，村里人谁都不敢小瞧他们，这让姚景哲的父母羡慕不已，希望自己的儿子也能到政府部门工作，为穷了几辈子的家争口气。说完后，他们显得很沮丧，因为梦想实在太遥远了。

听着他们无奈的述说，我的虚荣心忽然像原子弹爆炸一样膨胀开来，不知怎么就脱口说出了这样的话："我爸爸就是公安局的指导员，我在政府也有一些关系。"看着他俩诧异而近乎崇敬的表情，我感到无比满足，这就是我梦想得到的眼神！

为了得到两个朋友的尊重和友情，我像个拙劣的编剧一样将谎言继续编了下去。他们很奇怪我有这么好的爸爸，干吗还要在这么个小店里做着这样不起眼的工作。我故作神秘地对他们说："这可是秘密哦！你们是我的好朋友我才跟你们说，绝对不能让其他人知道！"他俩很严肃地点了点头，我接着说，"我也是公安局的，最近因为一个秘密任务，被派到这里来卧底的。"我一说完，他俩就禁不住发出了一声惊叹，特别是裴映秀，眼里满是羡慕和崇拜。我得意极了，一种从未有过的快感充斥我的大脑，借着这股劲，我拍着胸脯对他们说："你们的愿望我会想办法帮你们实现的。你不是想当警察吗，我过段时间回去跟我爸爸说说，应该没什么问题。"裴映秀一边听一边不断地点头。我又转过脸对姚景哲说："我在赣州市政府有一些很不错的朋友，我也会想办法把你调进去的。"姚景哲听了似乎还是有点不太相信，我立即掏出手机，随便乱拨了一个根本不存在的号码，说道："喂，是市政府吗？请问沈处长在吗？哦，出差了？什么时候回来？下周一啊！好，我到时候再给他打电话。我是谁？我是他一个好朋友。好的，就这样，谢谢！再见！"

说到这里，顺便提一下我刚才说到的那个"沈处长"。在市政府，我确实认识一个姓沈的，不过他可不是处长，只是一个普通的科员。他叫沈峰，是我来赣州后，在网上认识的。沈峰非常老实，把自己的情况都如实地告诉了我，我仅有的那些关于政府的知识都是从他那里知道的。

假装给沈峰打完电话后，我偷偷地把拨出去的那个不存在的号码删除了，以防万一被他俩看到。后来，我又当着他们的面打过几次电话。为了让他们彻底相信，我还跑到沈峰单位去玩，趁机在他办公室的纸篓里拿了几份废弃的文件。回来后，我将文件展示给姚景哲和裴映秀看。他俩第一次看到政府的公文，对他们来说，这是一个太神秘的东西了。这一次，他们完全相信了我，也将换一份好工作的希望寄托在了我的身上。

谎言戳穿，弄丢朋友的爱

大概是2006年12月，我经常感到不舒服，我以为是不适应新环境或是吃了什么不好的东西，也没太在意。过了几天，那些症状不但没有减轻，反而越来越严重了，身上还老是浮肿，我这才觉得有点害怕了。

在裴映秀的陪伴下，我去医院做了检查，看到结果时，我一下子就慌了：怀孕！而且已经五个月了！不用说，这个孩子是高建军的。可我才刚刚在赣州站住脚，什么都没有，拿什么来养孩子？我恳求医生把孩子打掉。医生说孩子已经很大了，如果引产的话，会很危险。我不知道该怎么办，只得听从了医生的话。

回去后，他们问我孩子是怎么回事。我觉得这是一件很丢脸的事，如果说了实情，他们肯定会看不起我，从此再也不理我了。于是我又编了一个谎言，说我有一个在公安部门的男朋友，本来已经准备结婚的，可他却在一次任务中不幸牺牲了。我怕生下他的孩子，以后看到孩子就会想起他，会伤心，所以要打掉他。他俩听后唏嘘不已，很同情我的遭遇，一个劲地安慰我。有了他俩的悉心照顾，我打消了打掉孩子的念头。

随着肚子一天天大起来，他俩开始担心我不能再在快餐店待下去完成“卧底”任务，他们试探着问了我几次解决工作的事情。我仍然给他们打包票，编了很多谎话拖延、搪塞着。今年3月，他们见我还是没有给他们任何回音，就起了疑心，直接到公安局去打听有没有一个姓柳的指导员，因为我在快餐店里用的是一个假名——柳惠。打听的结果可想而知，根本就没有这么个人！

他俩从公安局一回来就找到我，质问我到底是怎么回事？可那时我还是不想说出过去的事情，就随便找了个理由，说我爸爸已经调离这个公安局了。只是，这个解释很牵强，他们根本就不相信。自那以后，他们不再理我。有好多次，我都准备告诉他们我的真实身份和经历了，可每次话到嘴边却怎么也出不了口。就这样，我失去了几次很好的求得他们原谅的机会。后来我犹豫了很长时间，鼓起勇气去找他们，想说出真话，可他们连见都不愿意见我了。

其实，我对他们撒谎真的没有任何恶意，也没有使他们受到什么损失。我仅仅只是怕他们瞧不起我，不愿意和我做朋友，才编出那些故事来，让他们认为我是一个有用的人。我知道错了，我深深地伤害了他们，被自己最信任的朋友欺骗、愚弄，任谁都会很生气的。这都是我的信口胡言造成的，无论他们怎样骂我甚至打我都行，我都接受。可他们这样对我不理不睬，让我十分难过。加上我肚里的孩子已经快九个月了，工作是没法继续做了，我没有了生活来源，也不想去麻烦外公——他要是知道我怀孕了，会气死的。如今，唯一的两个好朋友也不肯理我了，我觉得我已经走上了一条绝路，除了死没有别的办法。

（讲到这里，我问何丽萍："你这么轻易地就想到死，那肚子里的孩子呢？"她说："这孩子我也没法生，我根本没钱生孩子，更不用说养活他了。我现在只希望在我死之前能求得两个好朋友的原谅，那我就死而无憾了。所以我想请你帮助我，转告我的歉意。"我问她为什么不自己去向他们道歉，为什么不去找孩子的爸爸，她说两个朋友不愿意听她的解释，她没有机会了，那个医生也不承认孩子是他的。

这话让我感到很沉重，一个孩子般的谎言，最后竟成了这样的局面，实在让人哭笑不得。不过我还是帮她给姚景哲和裴映秀发了短信，过了一会儿，姚景哲就回话了，他说何丽萍是否能帮他们解决工作这并不重要，主要是她欺骗他们的行为让人难以接受，但是他们会考虑再给她机会，毕竟她也挺不幸的。

后来，何丽萍非常兴奋地告诉我，姚景哲已经原谅她了，她又有了活下去的信心。）

……虽然裴映秀还是没有原谅我，但我不会放弃，我会用真诚去赢得她的谅解。我以后再也不会这么虚荣了，这件事让我明白了一个道理，真正的朋友是容不得半点虚伪的。

失去孩子，涅槃重生

4月中旬，我眼看着身上的钱一点点减少——尽管有姚景哲的帮助，但他的钱也不多，解决不了什么问题。犹豫再三，我决定还是去找高建军。刚开始我给他打电话他还接，但是口气很强硬，不承认孩子是他的。后来再打电话他就不接了，我只有不停地给他发短信，他也不回。眼看着预产期一天天逼近，我一点办法都没有，心里越来越慌。姚景哲给我出主意说，干脆去找高建军的老婆，或者打官司，我甚至还去找了当地报社的记者。

就在我不知所措时，大概是4月20日左右，我接到了一个电话，是高建军的老婆打来的，她是无意中看到了我发给高建军的短信才知道我怀了他的孩子的事。我感觉她是一个很强悍的女人，说话的口气很凶，让我没有辩驳的余地。她说："我们不可能要这个孩了，你也休想从我们这儿得到什么。你赶紧去把孩子做掉，如果你要生下他的话，我就杀掉你们三个：你、你的孩子和高建军！我不是跟你开玩笑，我会说到做到的！"那天我和他老婆谈了将近一个小时，最后以我的妥协告终，条件是高建军出所有的医药费用，然后再补偿我5000元。周围的很多人都认为这是最好的解决办法。

这个孩子命中注定不能来到这个世上。4月底，我去了医院。医生刚刚给我打完引产针没多久，孩子就被打下来了。护士告诉我，是一个男孩。那是我的儿子啊，一个马上就要呱呱坠地的小生命，就这样被我扼杀了。我当时虚弱得连哭的劲都没有了。

可能看我境遇的确不好，裴映秀也不再生我的气了，还辞了职专门过来照顾我。高建军似乎良心发现，主动提出每月给裴映秀1000元。有了两个好朋友的陪伴，我的心情平静了许多，等养好身体之后，我打算一切从头开始，走出一条崭新的人生之路。

走过"荒唐"的雨季：

错了之后，才懂真诚的可贵

知道何丽萍的故事后，我本来打算资助她把孩子生下来。当我打电话告诉她我这个想法时，却意外得知她已经把孩子打掉了。听到这个消息，我觉得一阵心痛：九个月的孩子，已经是一个完整的生命！

但何丽萍在电话里的语气并没有我想的那么伤心，她似乎很平静，是一种狂风暴雨过后的平静。她还很高兴地告诉我，裴映秀正在她旁边照顾她。我想，是这两个朋友给了她生的希望。姚景哲和裴映秀确实是两个不错的朋友，在被何丽萍欺骗后，尽管很生气，但最终还是原谅了她，并给予了她很大的帮助，这对于只有二十一二岁的年轻人来说已经很不容易了。

再说何丽萍，她的行为看似荒唐可笑，但她这些行为的背后何尝没有令人心酸的原因呢？从一个拥有幸福家庭的孩子一下子变成没有父母的孤儿，别说孩子，就算成年人也难以承受这样的打击。在寄人篱下的日子里，她受尽冷眼和歧视，这是很多同龄孩子所体会不到的。因此她自卑，她渴望长辈的爱，她向往别人的尊重。

她会那么快就爱上一个大她十几岁的已婚男人，原因很简单：他很成熟。这也正是她缺少父爱的表现。这个渴望被爱的女孩其实很善良，当她得知对方有家有孩子时，主动离开了他，只身一人漂到异地他乡。在陌生的环境中，她遇到了两个情投意合的朋友。为了留住两个朋友，得到他们的尊重，她不惜编造出荒诞的谎言。虽然最后她尝到了欺骗的苦果，但是我们在嘲笑、责备她的行为时，是不是更应该多给她一点理解和宽容，帮助这个缺爱的、孤独的女孩走出生活的阴霾，走入正常的生活轨道呢？

我知道父母不会管我的，而我心里也早就计划好了——到《XX》杂志所在的城市去找文仲，像个“追星族”一样去追逐心中的明星。

为爱受磨难，他却不堪我满身伤痕

主人公：兰幽 / 女 / 20岁 / 工人

他是我的偶像

也许我天生就有文学情结，只是这情结在13岁以前并没有表现出来。我出生在江西农村，有个弟弟。父母重男轻女，自从有了我弟弟后，他们就把我扔给了外公。8岁以前我都是和外公生活在一起。

外公是个文学爱好者，他希望我能成为一个作家，因此他经常会教我读一些诗歌、散文。而他最常用的教材是一本文学杂志《XX》，其中一个叫文仲的作者很得外公的喜爱，外公总是在读完他的作品之后顺带着把他的人也夸赞一番。渐渐地，文仲成了我的偶像。

8岁以后，外公的身体越来越差，没法再照顾我了，于是我又回到了父母身边。我妈妈为了家里经济宽裕一点，一个人跑到外地打工，爸爸留在家照顾我和弟弟。说是爸爸照顾我们，其实主要是我在照顾弟弟，做家务事。弟弟是父母的宝贝，他是不可能干这干那的。

我13岁那年，爸爸终于忍不住寂寞，在外面找了个女人。这事我一开始就知道，可一直不敢声张，怕从此家无宁日。有一次爸爸又把那个女人带回家来厮混，不小心被弟弟撞见了。过了两天，妈妈就突然回来了。她先是找爸爸理论，爸爸抵死不承认，于是妈妈干脆在村里到处骂，她嗓门特别大，很快，爸爸的丑事就全村皆知了。

这本是大人之间的事，可我却深受其害。上学时，同学们都嘲笑我，很多家长都不让自己的孩子跟我玩，甚至连说话都不允许。我本来就是个敏感的人，如此一来，我受的影响很大，成绩一落千丈。我每天沉浸在自己的世界里，没事就看《XX》杂志。这时再看文仲的诗，我特别有感觉，仿佛找到了一个可以交心的好朋友。也就是从那时起，我开始写诗，将自己的心事一点点写进诗里，并且常常一边写，一边默默地在心里和他说话。我用这样的方式和文仲交流着，度过了那段难挨的寂寞时光。

14岁那年，我尝试着将自己写的诗寄到《XX》杂志，没过多久，竟发表出来了。我惊喜万分，相信这是我与文仲交流的一次火花，他当时已经是那个杂志的主编了。这一次的成功让我彻底迷恋上了文学创作，文仲也成了我生活中一个强大的精神支柱。

15岁时，我终于忍受不了同学们歧视的眼光，辍学回家。那时父母已经不再闹了，见我不读书，他们也不反对，只是要求我自己想办法挣钱，别指望靠他们生活就行了。我知道他们不会管我的，而我心里也早就计划好了——到《XX》杂志所在的城市去找文仲，像个“追星族”一样去追逐心中的明星。

然而这一去，却成了我多舛命运的开始。

被好友卖到他乡

2002年年中，我孤独地坐上火车离开家乡，又孤独地走下火车，来到了一个陌生而又熟悉的城市——《XX》杂志所在地。

一到那里，我稍事休息就开始马不停蹄地找工作，因为身上带的钱所剩不多。找了三天，我终于在一家工艺品厂找到了工作，虽然很辛苦，但厂里包吃包住，也算是落下了脚。一安定下来，我想到的第一件事就是给文仲打电话。《XX》杂志有个读者热线电话，读者可以通过电话和编辑、主编交谈。我几乎每天都抽时间去打，希望能碰到文仲。打了很多次后，我总算听到了文仲的声音，激动得半天都说不出话来。那天的交谈尽管很短暂，却让我感到无比开心。后来我又和他电话交谈过几次，但始终没勇气去找他，我觉得，只要能和他呼吸着同一个城市的空气我就很满足了。

在工艺品厂的日子辛苦而乏味，厂里的规定很严格，我们这些普通工人很少有机会出去。时间一长，工人们之间就偷偷地谈起了恋爱。我其实根本没想过要在那里和谁谈恋爱，但是有个叫阿凯的男孩一直在追求我。他对我非常好，帮我打饭，帮我赶工，只要一出去就给我买东西。对于我这个从小就缺少关爱的人来说，只要别人对我好，我就会特别感动。于是，我答应了做阿凯的女朋友。而我却没发觉，另一个女孩在我答应阿凯的那一刻就在她心里埋下了仇恨我的种子，她就是和我以好朋友相称的小可。她自从进厂以后就喜欢上了阿凯，只不过阿凯没有接受，没想到我一来就“抢”走了她的心上人。这些都是阿凯对我说的。我还不太相信，小可平时对我挺好的。

和阿凯谈恋爱以后，我很少给《XX》杂志打电话了。但我从没忘记过文仲，偶尔得空，我就读他的诗，和他“心灵交流”一下，这也是我最轻松、最享受的休息方式。

转眼到了年底，我感到浑身不舒服，到厂医务室一检查，结果竟是怀孕。我告诉了阿凯，他显得六神无主，因为厂里明文规定员工不能谈恋爱，否则就会开除，更别说怀孕了！我问阿凯怎么办，他说让他好好想想，还一再强调要我别声张，千万不要说出孩子是他的。可医务室的人都知道了，哪里还瞒得住呢？无奈之下，我只有等阿凯的答复。第二天上班时，我听阿凯车间的工友说，他昨天跟厂里请假，说要提前回家过年，今天一早就收拾行李回家了！我一下子就懵了，他怎么就这样悄无声息地跑了呢，这是一个男人做出来的事吗？

没过几天，厂里领导就知道了我怀孕的事，于是我被开除了。我用仅有的一点钱租了个房子住，由于到了年底，加上我又有孕在身，根本找不到工作，想去做流产都没钱。那段时间我真的不知道自己的活路在哪里了。就在这个时候，小可忽然找到了我，说她知道我的困境，是专门来帮我的。她建议我去离这里不远的广东新宜，说那边工资高，做一个月就能赚到打胎的钱，先把肚子里的孩子打掉再说。听了小可的话，我像抓住了一根救命稻草，哪还有不同意的。

第二天，小可就买好了车票，陪我一起去新宜。当时我真的很感激她，觉得今生有这样一个朋友真是幸运。到了新宜，小可径直将我带到一个破旧的小旅馆住下，她坐都没坐一下就要出去，说是去找她的一个老乡给我联系工作，那样她才能放心地走。过了一个多小时，小可和一个中年男人一起回来了。她介绍说那人是她老乡，已经帮我找到了工作，现在由他带我过去。小可说她不能再耽误了，要赶回厂里，就不陪我了。我什么都没多想，还觉得挺过意不去的。

小可匆匆走后，那个男人就带着我上了一辆小货车，说厂子很远。在车子的颠簸中，我不知不觉睡着了，醒来时，已经到了一个偏僻的山村。那男人把我领到一户人家，说办点事，要我等一下。我等啊等，直到天快黑了，才有两个老人和一个中年男子过来。他们把我打量了半天，似乎很满意，满脸笑意地对我说："今后咱们就是一家人了。"我脑子里顿时像炸了一个惊雷：我被小可骗了！我被卖了！但这时明白过来已经晚了，我被那家人死死地锁在屋子里，跑不出去。

那时正值过年，那家人要忙着走亲访友，每次只留一个人在家守着我。于是我一次一次地翻窗、砸门……什么招数都用了，还是没能逃出去，却在逃跑的过程中流了产。想来真是可笑，本来我是打算在新宜挣钱做流产的，没想到，一分钱没花就达到了目的，还替别人挣了不少钱。

我在买我的那家其实只待了一个月。那一个月里，我不停地跑出去，然后被抓回来。最后一次逃跑，我跑了很远，那家人发觉后，拼命在后面追，一直把我逼到了一个悬崖。我当时就想，如果他们还逼，我就只有跳下去了。谁知我命不该绝，村里一位老大爷实在看不过去，偷偷报了警。就在我和那家人僵持不下的时候，警察赶来解救了我。

被解救出来后，除了偷偷藏下来的70块钱，我什么都没有了，包括身份证，全被那家人扔了。我当时只想远离新宜，而那70块钱只够买到广州的车票。于是，我去了广州。

孤苦无助，沦落风尘

没有身份证，就找不了工作。身无分文的我在广州火车站徘徊着，不知道下一步该怎么办。正在这时，几个手举招工牌子的人凑上来问我要不要找工作。我说要，但我没有身份证。他们说可以介绍我去做保姆，不用检查身份证，而且薪水还不错。绝境中的我决定去试一下，先赚点钱再说。于是，其中一个人就拉着我七弯八绕地来到一个小屋子，要我等着。然后就不停地有人过来看我。一会儿，一个自称是王老板的人来了，他看了我一下，简单问了几句，就要我到他那里去上班。

王老板把我领到一个很隐蔽的房子里，进去一看，里面住着好几个年轻女孩。对于我的到来，她们没什么反应。王老板给我安排了一个床位，跟一个年龄稍大点的女孩交代了几句就走了。

一到晚上，那些女孩子们就开始换衣服、化妆，那个大点的女孩扔给我几件衣服和一套廉价化妆品，说："快换上，要开工了！"这时我才隐约感觉到这绝不是做保姆。果然不出所料，她们说是做站街小姐。见我还在犹豫，旁边一个女孩说："'笑贫不笑娼'你知道吗！没管好肚子就先别管面子了！"既然已经到了这一步，我不做大概就只能饿死街头。在那个年龄大点的女孩的催促下，我只好跟着他们出去了……对于我来说，卖身比卖苦力要痛苦一万倍，可我忍了，因为我总觉得有种力量在支持着我，那就是——见到文仲。

在那群女孩里，有个叫阿江的总喜欢找我说话。我是新来的，有人主动和我说话，我挺高兴，还把她当作好朋友。可时间长了，我发现其他女孩都不大理她。后来另一个女孩偷偷提醒我说，阿江以前曾经做过很长时间的传销，所以养成了说假话的毛病，骗起人来一套一套的，这里的姐妹好多都被她骗过，她要我注意点，不要轻易相信阿江的话。虽然后来我确实留了一点心，但发现阿江并没有对我不好，也就没再当回事了。

做了半年，也就是2003年10月，王老板仍然不把工钱给我，这样下去我永远赚不到出去的钱。于是我决定逃出去，不干了。

我出逃的事只有阿江知道，出去以后我也只把联系方式告诉了她一个人。刚逃出去没几天，阿江给我打电话，说老板准备把钱发给大家了，我只要回去也可以拿到。我一点也没有怀疑地回到了那个隐蔽的房子，谁知等待我的却是老板的一顿恶毒的臭骂和严密的看管。

我和阿江大吵了一架。我问她为什么要骗我，她很不屑地说："谁让你跟我那么好，人家都不理我，就你理我，你走了，我和谁说话呀！我就是要拉你下水！"听她说这些话，我气得肺都要炸了。

就这样，我被迫又做了几个月小姐，直到差不多满一年时，我跟老板说我不愿意再干了。老板这次倒很爽快，没有阻拦，他心里很清楚，我的利用价值不大，留着也只能给他惹麻烦。但是他提了一个让我很意外的条件，要我给他5000块钱。我一听就火了："我正准备找你要钱呢，你倒来找我要了！我凭什么给？"他倒不急不恼，拿出一摞照片，只看了最外面一张我就知道，这钱必须要给他了。因为那全是我做小姐时被偷拍的照片！而且，从这些照片看，我能肯定是阿江拍的。当时我就暗下决心，绝不再和这个可怕的女人来往了。

后来，我找做小姐期间认识的一个男的借了5000块钱，买回了那些记录我不光彩历史的照片，一把火全部烧光。然后我回了一趟家，重新办理身份证。父母那么久没见到我，也不问我到哪里去了，在做什么。我彻底对那个家灰了心，办好身份证就走了。

在广州又打了大半年工，还清了借款，我带上攒下的几百元钱，再一次回到了《XX》杂志所在的城市。这里永远是我心中的一块圣地，为了回来，为了见到文仲，经历多少磨难我都不在乎。

好友使我失去他

回到这座城市，我很快就在一家玩具厂找到了工作。我要在这里重新开始，追逐那个美丽的梦。

可是，幸福的生活、愉快的心情似乎总是与我无缘。刚落脚没几天，我就接到了阿江的电话，不容我说什么，她就在电话里哭诉起来，说老板怎么翻脸不认人，姐妹们怎么瞧不起她，她没法在那儿待下去了，云云。见我没什么反应，她继续哭着说："当初都是我不对，我不该做那些坏事。可那都是老板逼我的呀，我也是为了活下去才做出那么无耻的事情，你就看在咱们姐妹一场，帮帮我吧！不然我真没活路了！"听着听着，我的心渐渐软了，她是个和我一样有着不幸遭遇的女孩，我不能因为她犯过错就不管她呀！于是，我要她来找我，答应帮她找份工作。

阿江来了以后，我托工友帮她在另一家玩具厂找了份工作，还帮她在我住的那一带租了房子，让她安定下来。阿江对我很感激，也对我特别殷勤，我也就慢慢忘记了她做过的那些事，觉得她从此应该踏踏实实地生活了。

转眼到了我18岁生日，我请了假，回家独自一人喝了好多酒给自己庆祝。接着，趁着那股酒劲，我直接去了XX杂志社。我在门房打电话找文仲，正好他在。等了一会儿，文仲就下来了，不知道是紧张还是兴奋，我觉得脸特别烫，心也跳得很快。看着他，我觉得一点也不陌生，那张清瘦的脸曾无数次出现在我的脑海。

文仲也是一眼就认出了我，他像老朋友一样关切地问我脸怎么那么红？我只有老老实实告诉他，因为过生日，所以喝了点酒。他像个兄长一样轻轻地拍拍我的脸，说："以后可不要再喝这么多酒了。"就这一句话，我这么多年来的辛酸、痛苦、委屈、思念顷刻间化作泪水一涌而出。文仲不停地安慰我，眼中充满了怜爱。

第一次见面后，我感觉心里充实了很多，连阳光都格外明媚。后来，我经常跟文仲见面，和他讨论文学，跟他讲我对他的崇拜，讲我为了找他所经历的坎坷。他听完后唏嘘不已，对我也更加疼爱了。只是，我们之间并没有捅破那层纸，他永远是我心中的神，我怕捅破了，他再也不会理我了。

我每次和文仲见过面，回来都会跟阿江诉说，因为我需要有人和我分享这种幸福的感觉。我还带阿江去见过文仲，她总说很羡慕我，能得到这么个有文化的人的疼爱，真是运气好。

本来，就这么平静地相处下去我就很满足了，可美好的事情总是那么短暂，而阿江就是结束这一切的罪魁祸首。

我把阿江介绍到那家玩具厂后，她并没有像我所期望的那样安分守己、老老实实地工作，而是要弄老伎俩，骗了厂里不少人的钱。每次东窗事发，债主就来找我工友，为了不让工友为难，我都会替阿江把钱还上。可阿江屡犯不改，终于有一次，我忍无可忍了，任她怎么求我，甚至下跪，我都不答应。一来我不能纵容她这样无休止地骗下去，二来我也确实没钱了，我一个月就六七百块钱的工资，哪经得起她这么折腾。阿江见求我没用了，便恶狠狠地扔了一句“等着瞧，我会让你尝到不帮我的后果！”

那天以后，阿江果然很少来找我了。我依旧像往常一样，偶尔和文仲约会、聊天，可是我却发现文仲对我的态度有点变了。在我的再三追问下，文仲才告诉我说阿江去找过他几次，说了我很多坏话。他解释说，那些话他都不当真，只是，他顿了一下，很小心地问我是不是做过小姐。

看来，阿江真的在报复我了，而且用的是这么卑鄙的手段。不过我很镇静，因为这件事我本来就打算告诉文仲的，正好借这个机会原原本本告诉他。文仲听完后，深表同情和理解，但我却觉得那不是发自真心的。

我本以为阿江的报复行动已经结束，哪曾料到，她还有更恶毒的阴谋在等着我。

我以前就跟阿江说过8月6日是文仲的生日，到时候我会在蓝夜酒吧为他庆祝。到了那一天，我按计划提前来到酒吧，一边喝酒一边等文仲。大概快到十点时，我已经有点醉了，文仲还没来。忽然，几个大块头的男人走进来，不由分说地把我拉进一辆小面包车，车子开到附近一家旅馆，他们将我拖了进去……而我被那帮男人拖进车里的一幕“正好”被刚刚赶来的文仲看到了。

过了几天，阿江给我打来电话，得意洋洋地说8月6日晚上的一切都是她安排的。“文仲可都看见了！你就别在他跟前装纯洁了。哼，我不快活，你也休想快活！”

我恨阿江，更恨自己，小时候听了那么多遍的“农夫与蛇的故事”，我怎么就这么傻乎乎地一次又一次地当农夫，直到自己快要被咬死才明白，蛇是不会改变它狠毒的本性的。我的心灵又一次受到重创。

而最让我难过的是，从8月6日那天晚上开始，文仲再也不理睬我了。在他的眼中，我就是一个肮脏的女人。无论我怎么打电话跟他解释，他都说这些与他无关，我自己做的事就要自己承担后果，不管是什么原因。有一次，我在上班时不小心砸伤了腿，没法工作了，极度无助的情况下，我给文仲打电话，只是想跟他说说，得到他的一点安慰，可他只冷冰冰地说了句："你有的是办法赚钱，腿坏了影响不了你！"听到这话，我伤心欲绝，觉得自己像一个被掏空了灵魂的躯壳，不知道活下去的意义在哪里。第二天，我辞了职，悄悄地离开了这个承载着我太多爱与幻想的城市，流落他乡。

当然，阿江也没得到什么好结果。由于骗了别人的钱还不了，不久，她就被别人狠狠地整了一顿，狼狈地逃离了这个城市，再也不敢回来了。

（兰幽跟我讲她的故事时，语气非常平静，平静得好像在讲别人的事情。而事实上，兰幽的心里从来就没忘记过文仲，尽管他不再理她，可她还是对他心怀感激和爱慕。她认为，自己的人生因为有了文仲才变得有了一线光明和色彩。

5月，她又回到了文仲所在的这个城市，淅淅沥沥的雨勾起了她的惆怅和伤感，于是，她写下了一首诗：

你以沉默的姿态
宣判了爱的死刑
夺走了最后一点好感
我决定离开这个有你的城市
去那个叫宁城的地方
只需一张二十二元的车票
一个半小时的车程就可抵达

离别那一天

我对你说：我要走了

你没有半点挽留

原来你心里不曾有我

我默然转身

害怕让你看见流泪的双眸

也许我们从未开始

爱又怎能强求

离开你是我唯一的选择）

将磨难变成财富，人生会更精彩

听完兰幽的故事，不知怎么我忽然想到了杨丽娟——那个疯狂追求刘德华的粉丝。她们的人生都因心中的那个偶像而改变。不同的是，兰幽是靠着努力去接近自己的偶像，在这个追逐的过程中，年少、单纯的她身上上演了一次又一次“农夫与蛇”的故事，身体和心灵都受到了摧残、折磨。当她满身泥土地爬上岸，以为就要得到偶像的拥抱时，却发现，一身泥腥已经无法洗净，偶像最终掩鼻而去，留下她一个人独自伤悲。

不过还好，兰幽在文仲的影响下，爱上了文学，也正在往这条路上走。她告诉我，她现在每天白天打工，晚上写作，已经在当地的好几家杂志发表了诗歌和散文。虽然她还没法忘记文仲，但她不会因此而消沉。

知道兰幽有这样的心态我很欣慰。我只想对她说：“谁不曾有过疯狂的年少呢？将磨难变成财富，你的人生会更精彩！”

“我向往平静、和谐的生活，可是却偏偏陷入一片混乱、尴尬的境地。我不知道该如何破解这样的困局。”身为外企金领的颜筝，声音尽量保持着镇定，可她的语气还是透露出她的无奈与茫然。两个已婚男人，一个让她在感情上依赖，一个让她在事业上依赖，她一个都不舍得放弃。她做得到吗？

一错再错，我的爱情无处安放

主人公：颜筝 / 女 / 28岁 / 外企职员

突如其来的表白

我生长在一个南方的小城市，父母在我很小的时候就离婚了，我跟着妈妈过。妈妈没有工作，必须依靠男人，于是她很快就再婚了。然而，再婚后的妈妈仍然不幸福，整天和继父吵吵闹闹，却又不得不每次都低头认错，否则她和我就没有了生活来源。而我和继父带来的女儿也合不来，我们除了拌嘴、闹别扭，很难正常说上几句话。

为了尽早离开这个乱哄哄的家和这个城市，我排除所有杂念和干扰，一心读书，终于考上了北京的一所大学，毕业后进入了现在的这家比较知名的外资企业。我不想像妈妈那样依靠男人生活，所以我工作后丝毫没有放松，经过三四年的努力，我总算在公司站稳了脚跟，收入也挤入了金领的行列。

随着工作的逐步稳定，我慢慢感觉到了情感上的空虚。倒不是身边没有追求者，只是，他们都不能达到我的要求。我心目中的男人必须宽容大度、成熟稳重、有事业心，而不是像我父亲和继父那样脾气暴躁、小肚鸡肠，为了一点小事或几块钱就能吵翻天。

26岁那年，我的感情情况出现了转机。那时，我们公司和另一家外资大公司合作一个项目，我是项目组的成员之一。对方公司的项目负责人叫文博，比我大五六岁。起初我对文博并没有很深的印象，只觉得他话不多，即使说话也只谈工作上的事，显得比较刻板。

后来，我从别人那里了解到，文博这个人颇不简单，他学历非常高，做起事来专业精神很强，又懂技术，所以进入那家公司后，提升得很快，很多猎头公司都把他作为一个重要的“猎捕”对象。

了解到这些后，我对文博的好感增加了不少，不过那也只是对一个精英人才的崇拜和喜爱。我是个爱说爱笑、性格活泼的人，像他这么严谨、古板的人估计是看不惯我的，所以，我从没觉得我和他之间会有什么交集。

然而，意想不到的事出现了。项目结束时，我突然接到文博的电话，他邀请我晚上一起吃饭。我以为是整个项目组的聚餐，便欣然应允。可是等我赶到约定的餐厅，才发现只有文博一个人在等我。见我还在东张西望，他微微一笑，说：“别找了，就我一个人。我单独请你！”难道是项目出了什么问题吗？那也应该找我的上司宇轩啊！我一脸疑惑地坐下来，他才缓缓开口，说这次约请与工作无关。“那是为什么？”“因为我很喜欢你！”我的话音刚落他就说出了这句话，惊得我愣了半天。

我没有马上表态，因为文博的表白来得太突然了，我没有思想准备。不过后来我才知道，“突然”就是他的行事风格。

行动派的“好”男人

由于本来就对文博心存好感，同时也很想多了解他，所以他后来对我发出的约会邀请我都没有拒绝。在一次次非工作的交往中，我发现文博很符合我对未来丈夫的要求，他性格沉稳，为人真诚，虽然在职场上叱咤风云，但是对我却是百依百顺。

只是，文博确实不太会说甜言蜜语，尽管他中学就移民澳洲，但一点没学会老外的浪漫。不过，他是个绝对的行动派，总是用实际行动来弥补他不会说爱的缺憾。

记得那是我们交往三个月后的一天，我和他在MSN上聊天时无意中说到我正在查有关车的信息，因为我打算换辆好点的车。他只是问了问我喜欢什么牌子和类型的车后，就没有再谈这个话题了。

没想到，一周后他又给我来了一次“突然”，不过这次是惊喜。那天早上，我下楼准备开车去上班，却看到文博已经站在外面等我。我很奇怪，他笑笑说：“我想要你开车送我一程。”“你车坏了吗？那也没必要绕到我这儿来啊，打个车去公司还方便些呢！”我一边说一边往车库走。文博却一把拉住我，朝另一个方向走去。“不对，我的车在那边！”我喊道。文博不理会我，仍然拉着我走。走到一辆崭新的奥迪A4前他停了下来，我忽然明白了他的意思。果然，他打开另一只握成拳头的手，手里是一把车钥匙。

望着满头雾水的我，文博一脸坏笑地说：“你就开这辆车送我吧！”我接过车钥匙，心里涌起一片潮水。

文博说，他不知道该如何表达他对我的爱意，他能做的就是关注我的需求并想尽一切办法满足我。他说他听到过一种说法，就是女人看男人是否爱她，就看他是否愿意为她花钱。虽然我并不是个贪图物质的人，但他的心意让我感动。

文博真的对我很用心，他会隔三差五地给我买个名牌包或者首饰、衣服、香水等等。我问他怎么知道买这些的，他不好意思地说，他经常向公司那些时尚的女孩请教，所以才知道职场的女孩子们喜欢什么。因此，我经常感谢老天，给了我这么好的一个爱人。

在我们认识一周年的时候，文博提出买套房子，说我总是租住在公寓不是个事。以我对他的了解，我判断他这是有和我结婚的打算了。但我没有点破，而是满心欢喜地和他一起到处看房。不久，我们在一个不错的地段看中了一套房子，文博以我的名义把房子买下，一次性付清了所有房款。我想着这将是我们共同的家，也就没有和他争着付钱。

房子装修好后，我开始期盼着文博的下文，可他却一如往常，并没有进行下一步的意思。我便提出能不能去看望一下他的父母，或者他先去见见我父母，毕竟我们在一起这么久了，互相拜见下父母也是人之常情。文博却推托说他家人都在澳洲，去一趟不方便，我家的情况又比较复杂，猛然去也不好，不如等他忙过这段时间再说。他这么一说，我也就不好勉强，只能耐心地等待他的下一步。

没想到，这个话题提了没几天，文博就又给了我一次“突然”——他突然消失了！他消失的前一天晚上还和我一起在家做饭、看碟，一点异常都没有。起初我以为他是临时有事出差，可等了两天也没有他的消息，我这才急了，打电话到他公司，得到的回答惊得我差点晕倒：他三天前已经辞职离开了北京，具体去了哪里不太清楚。

失恋的代价

文博连辞职这么大的事情都瞒着我，他究竟出了什么事，为什么一声不吭就人间蒸发了呢？我怎么也想不通，只有拼命打他电话，电话是通的，却始终没有人接。那段时间，我白天没有心情工作，晚上也是整夜睡不着，脑子里只有一个念头：一定要找到文博，当面质问他。

我使尽浑身解数也没能找到文博，哪怕是关于他的一点消息。看着他送给我的车、房子以及所有的一切，我的心都会一阵阵地疼痛。我不想让这个无情的男人用冰冷的物品陪着我，我发短信，网上留言给他，告诉他，这么决绝地离开我，也请他走得干净点，把他的东西统统拿走，免得让我落一个贪人钱财的恶名。

我的消沉严重影响了工作，以至于连续两个月我的业绩都排在倒数的位置，我自己视而不见，却把另外一个人给急坏了，他就是我的上司宇轩。

有天开完部门业务例会，宇轩把我单独留下，我以为他会批评我，甚至给我处分，谁知他只是说了句：“你最近状态很不好，下班后我们好好聊聊。”那一整天，宇轩都不在公司，直到下班他也没回，我估计他不会再和我聊了，就准备回家。恰在这时，宇轩给我打来电话，要我去附近一家咖啡厅等他。

我刚到咖啡厅坐下，宇轩就到了。他一反平时的严厉表情，很和气地问我最近是不是遇到了什么困难，如果有，说出来，看他能不能帮助我，否则以我现在的状态，很有可能会保不住饭碗。他的话如一盆冰水，猛地把我浇醒：是啊，我这么多年来的奋斗才换来如今这样的职位，我怎么能就这样把自己的付出毁于一旦呢？于是，我狠狠地点了点头，表示我认识到了问题的严重性。宇轩伸出手，轻轻拍了拍我的头，说："你明白就好。现在能说说你遇到的问题吗？"可是我怎么好意思跟上司说呢？

见我低头不语，宇轩很爽朗地笑了一下，说："能把一个积极上进的姑娘变得如此颓废，恐怕应该非爱情莫属吧！"我抬起头，惊讶地看了他一眼，他立刻明白他说对了，接着问我，"是哪个小子这么不地道啊，胆敢欺负我的员工！"宇轩的语气就像一个大哥哥，使我终于忍不住对他说出了我和文博的事，同时潜意识里也有种希望：宇轩和文博都是这个行当里颇有名气的人物，兴许他们互相也认识，没准宇轩还能知道一点关于文博的消息呢。

宇轩认真地听完了我的故事，摇摇头，淡淡地说："你怎么跟他在一起了？你认识他吗？"看来我的预感没有错。"何止是认识……他没有对你讲过他自己的情况吗？"宇轩问。"他的什么情况？""看来你对他确实不了解。他去年就拿了结婚证，明年4月13号就要举行婚礼了！"他的话音刚落，我就觉得耳边好像有个什么东西爆炸了，震得我头晕眼花，耳朵里嗡嗡作响。

"你怎么知道的？你不要瞎说，他怎么会这样耍弄我呢？"过了好久我才想起问宇轩。他依旧淡淡地说："我早就认识他了。他仗着自己学历高，懂点技术，挤掉了我不少机会！"我当时并没有注意到宇轩咬牙切齿的表情和恨恨的语气，只一味沉浸在自己的痛苦和不解中。

糊涂的决定

为了麻痹自己，我拉着宇轩去酒吧喝酒。宇轩坚决不同意，他说喝酒只能伤身，解决不了问题，不如回家洗个澡，大哭一场，然后睡一觉，明天一切重新开始。我依了宇轩，回了家，但无论如何也睡不着。早上，宇轩打来电话，说他估计我晚上还是没睡好，带个黑眼圈到公司，不如我休一天假，调整好了再工作。我很感激宇轩的善解人意。

晚上，宇轩拎着一大袋吃的敲开了我的门，然后不顾我的羞愧与诧异，自顾自地进了厨房。他说，他敢肯定我从昨晚那餐饭后就粒米未进了，他可不想自己的下属饿死，这对他和公司的声誉都将是一个很大的损害。我被他逗得笑起来，灰暗了一天的心情似乎也照进了一缕阳光。

宇轩的手艺真是不错，他很快就捣鼓出一桌色香味俱全的菜。在他的带动下，我似乎有了点胃口，两个人一起美美地吃了一顿。此后，宇轩就经常约我出去兜风或者到我家给我做好吃的。在他的陪伴和鼓励下，我的状态渐渐好转。

同时，宇轩开始频繁带我出去谈业务。他在我们那个圈子里，人脉特别广，只要他肯下工夫，单子都不会失手。我明显感觉到了他这是在照顾我，希望用他的力量帮助我渡过难关。果然，在他的帮助下，我不光摆脱了业绩倒数的窘境，还顺利跻身前三名。

为了庆祝我的进步，宇轩那天晚上特意买了很多菜，又亲手做了一桌他的拿手好菜。几杯庆功酒下肚，宇轩忽然拉住我的手说：“你能接受我吗？”我愣住了，猛然发觉我和他似乎早就超越了上下级的关系，他对我所做的一切都在暗示着什么，只是我一直没有察觉出来。他这时明确地说出来，我才意识到自己的迟钝。

宇轩把我拉到沙发上坐下，很认真地说："你那段时间的样子让我看着很心疼，有种想照顾你的冲动，我并没有别的想法。但是这些日子相处下来，我发现我每天都想和你待在一起。给你做饭或者只是看着你，我一天就会特别充实和满足。不过，"宇轩一下子坐直身子，那样子仿佛回到了谈判桌上，他接着说，"我不会像文博那么差劲，结了婚也瞒着你，把你害得这么惨。我觉得我有义务告诉你，我是已经结婚了的。不过，你如果答应和我在一起的话，我保证，我会全心全意对你，不仅是生活上，工作上我也会尽我全力去帮助你。"

我脑子里有点乱，一会儿是文博的无情，一会儿是宇轩对我的种种好。相比之下，我感到有宇轩在身边的感觉很好，似乎一切都不用发愁，无论工作还是生活。于是，我没有多想，甚至没有考虑他已婚的事实，就点了头。宇轩高兴地抱着我狠狠地亲了一下。

和文博比起来，宇轩可以算得上情场高手了。他很明白女人的心思，嘴也很甜，知道说什么话能讨女人喜欢，做什么事能让女人高兴。比如每天早上，他会打电话喊我起床，天凉了他会拿出一件衣服披在我身上，我稍微有点不高兴，他就会说一些笑话逗我捧腹。更关键的是，有了他的全力相助，我的业绩大大提高，我得到了公司领导层的表扬，公司准备明年给我升职。宇轩有时还会带着我去参加一些商界名流组织的活动，这不仅开阔了我的眼界，也扩大了我的交际圈。我的生活因了宇轩的参与，一下子变得大不一样了。

只有一点宇轩和文博很像，他也喜欢送我贵重的礼物，而且他也认为舍得为女人花钱是男人对这个女人爱的表达。我生日那天，宇轩送给我一个两克拉的钻戒，我收也不是，不收也不是。宇轩仿佛看透了我的心思似的，说：“你不要一朝被蛇咬嘛，我是礼物送出去，人也不会消失的！”说完他哈哈大笑，我则窘得满脸通红。

左右为难的选择

纸终究包不住火，我和宇轩的事被宇轩的妻子知道了。她和我的一个闺蜜认识，便通过闺蜜传话给我，要我尽快离开她丈夫，否则后果自负。闺蜜劝我不要和宇轩在一起了，以我的能力和形象，不怕找不到一个钻石王老五，何必给人家做地下情人呢？

思前想后，我也觉得自己这一步走错了，便告诉宇轩他妻子对我说的话。宇轩却无所谓地说：“你别管她，有我在，她不敢真对你怎么样的！”话虽这样说，我心里却开始动摇起来。

就在这时，一条QQ留言打乱了我的生活。那是失踪近两年的文博发来的，他说他是因为澳洲的父母逼得急，要他赶快回去结婚，他不知该如何对我解释，才选择了突然消失。他听说我和宇轩在一起了，深悔自己给我造成的伤害，他希望能和我见见面，表达对我的歉意。

看到文博的留言，我居然恨不起来，居然有种强烈的想见到他的冲动。于是，我按照他留的电话号码打了过去，听得出他很高兴，他立即约我见了面。一见面，我就直接告诉他，我找了他那么久不为别的，只是想把他的车和房还给他。文博愧疚地说，他对不起我，那些东西他是不会收回的，至少可以为他的行为进行一点补偿。他说他一直爱着我，特别是婚礼举行后，他更加清楚地发现，他不爱他的妻子，他离不开的是我，希望我能给他一次机会弥补自己的错误，只要我答应，他立即回去离婚，绝不食言。

我没有答复文博，那样的伤害是说原谅就能原谅的吗？但我对他还是有感情的，不想就此拒绝他。文博诚恳地说，他愿意等我，什么时候我答应了他就什么时候回去办手续。

考虑了很久，我决定先和宇轩分手，不管将来是否和文博和好，这一步也是迟早要走的。当我说出“分手”两个字时，宇轩的脸阴沉得可怕，这种脸色我曾经见过，那是公司一个职员因为贪图小利背叛他，他知道后出现过的脸色。后来，那个小伙子不仅被逐出公司，连在这一行都不能待，被逼得离开了北京，另谋生路。

宇轩终于开了口，他说：“是不是因为他回来你才这样做的？”“不是，我们的事你妻子已经知道了，再这样下去对我们都不好……”我辩解。“行了，你不用说了，我不想和你讨论这个问题，以后也不许再提！我不会输给他的！”说完，宇轩就怒气冲冲地走了。

如今，事情已经过去半个月了，宇轩一直没有理我，后果就是，我这半个月来几乎没有事做。眼看着业绩又要大滑坡，我心急如焚。可我能和宇轩谈谈的机会都没有，他不是在外面谈业务，就是出差，我给他打电话他也不接。我真不知道该怎么做了，和文博在一起吧，我必定得罪宇轩，我的下场将会和那个被赶出京城的同事一样，那我这么多年的努力将彻底白费，我不甘心；拒绝文博吧，他的出现已经影响了我和宇轩的关系，就算没影响，我和宇轩也不可能有将来。我每天被这个无解的难题急得吃不下睡不着，我常常问自己：为什么一切都和我的初衷背道而驰呢？我究竟错在哪里？

走过“茫然”的雨季：

舍弃是一种解脱

颜筝对未来的家的要求只是平静、和谐，对自己在感情中的定位也是独立而不需依靠男人，她为这个目标奋斗并且具备了理智、冷静地去挑选爱人的物质基础。可是，情窦晚开的她还是被文博的爱蒙蔽了双眼，以至于在他消失后才愕然得知他已婚的事实。这个时候的颜筝是值得同情的，很多单纯的、对爱充满向往的女孩往往容易踏入成熟的已婚男人用柔情蜜意设置的陷阱。

人不能在同一个地方跌倒，可颜筝却偏偏是这样。同样是业界精英，同样爱赠与她贵重礼物，同样是已婚男人，不同的只是第二次的男主角更懂得把握撬开女人情感的时机，将颜筝拽入了她溺过水的浑浊的河流。只是这一次，颜筝有一个无法上岸的理由——她不能放弃他给她带来的事业上的成功。可是，这样的事业基础是牢固的吗？以如此巨大的牺牲换来的事业终究是抵不住风吹雨淋的。

与其这样痛苦地徘徊在两个本来就不属于自己的男人间，做两个男人互相较劲的砝码，不如两个都舍弃。还是那句话：没有舍，哪来得。暂时忍忍痛，舍掉该舍的，才能得到该得的。

在别人眼中，我肯定是个命运的宠儿——有个有钱的爸爸，有个有权的叔叔，从东北举家迁居上海。可是，我却从未感到自己有什么特别，甚至还很自卑，为自己平凡的相貌和身材。于是，我走进了一条岔道，去寻找安慰和自信……

沉迷赞美，让我身陷囹圄

主人公：栗莎 / 女 / 21岁 / 学生

第一次爱，却被他讥讽不漂亮

我第一次真正的恋爱始于前年，那时我刚刚进入一所很好的职业中学读书。开学后的军训改变了我的人生道路。

我和兔儿是班上年龄最大也是表现比较突出的两个人，但是兔儿的性格和我完全不同。她很要强，要强到不容许别人抢了她的风头；她也很世故，世故到只要对自己有利，不惜任何手段；更要命的是，她还挺漂亮。所以，即使女孩子们再不喜欢她，她也一样可以骄傲得像个公主。而我，虽然有个看似很好的家庭背景，却因为从小不被重视，自卑到有点自闭。尽管兔儿把我当成她的对手，我却把她当朋友。

班级分配好后，需要选出一个班长，我和兔儿成了首要的人选。为了得到这个职位，她偷偷地贿赂我们的班主任——一个老太太，并最终达到了目的。

我们班的军训教官唐飞是个年轻帅气的军人，他的出现，使我们这群女生对枯燥难熬的军训产生了前所未有的兴趣。一向爱出风头的兔儿自然不会放过这样的机会，她抓紧时机和教官套近乎，一来二去，还真的和唐飞好上了。班里其他女孩都知道他们的关系，当时只有我一个人被蒙在鼓里，因为我曾公开说过我对唐飞有好感。

看到唐飞第一眼时，我就心动不已，他和我曾经暗恋过的一个男孩太像了，身材、长相、身高、酒窝，连工作性质都很像——以前那个男孩是厨师，而唐飞是炊事班班长。

军训结束后，我们回到了上海，兔儿和唐飞的来往就逐渐少了。她不在同学面前炫耀他们的甜蜜了，而是变成了抱怨——嫌弃唐飞只是一个小小的炊事班班长，家里又穷，和他在一起什么好处都得不到。兔儿经常向我们灌输的观点就是，选男人就得选有钱有地位的，而是否肯为女人花钱是最好的爱情试金石。唐飞根本达不到她的要求，她当初追求他只是想满足自己的虚荣心，现在她已经准备甩掉唐飞了。

我很为唐飞担心，因为兔儿这个人很现实，凡是得不到什么好处的事情，她绝不会有任何留恋。于是，我开始给唐飞发短信，表示对他的关心。其实我这样做也有点小私心——想趁这个机会和唐飞成为朋友。

渐渐地，我和唐飞的关系密切起来。我试探着问了他和兔儿的事情，他竟然对兔儿一点怨言都没有，甚至还流露出同情，这让我非常困惑：兔儿到底用什么手段让他被甩了还为她说话？后来他才告诉我，兔儿曾经跟他说过，她家里很穷，穷得连饭都吃不饱，前不久，她爸爸也去世了。这些不幸的经历使家境同样贫寒的唐飞对兔儿产生了深深的同情，所以无论她做出怎样过激的事，他都能原谅她。得知兔儿的事，我很震惊，因为兔儿在我们面前从来都表现得很高傲，也从不跟人说起她的家和以前的事，我们还以为她是个家境很不错的女孩呢。

那年五一长假，我没有回家。我不喜欢那个没有妈妈的家，爸爸和妈妈在我很小的时候就离婚了，妈妈一个人留在了东北。之后，爸爸接连找了四个妻子，一个比一个年轻，现在的这一个比我大不了多少，和爸爸结婚前是在娱乐场所做事的。爸爸从不关心我，钱也不会轻易给我花，因此，这个家对我来说，有等于无。不过，我不回家还有一个重要原因，就是唐飞要我留下来。部队里放假，他们相对自由了一点，他想和我一起过节。

5月1日白天，我们痛痛快快玩了一天。晚上，唐飞在他们部队附近的旅馆开了一间房，我们在房间里继续聊天。夜深了，我回不了学校，他也不回去了，于是，我们很自然地发生了关系……但是，令我非常难堪的是，唐飞竟然嫌弃我身材不好，说我腿短、胸部下垂等等，特别是当他看到血迹时，竟脱口而出："原来你真的是处女啊！"以前他问过我是不是处女，我说是的，看来他根本就不相信。我当时真是无地自容，尽管我承认我不如兔儿漂亮、性感，但毕竟这是我的第一次啊，他却说出这么伤人的话！我默默地流着眼泪，他却转身就睡了……

自尊心很强的我受不了这样的比较和伤害，第二天就向唐飞提出了分手，他不置可否。其实我只是希望他挽留一下，或者对昨天的话说声"对不起"，那样的话，我一定会原谅他的。可惜，他没有。

他回头原来是有目的

分手后，我很痛苦，想找个人说说，就给我以前体育队的队友龙正打电话。龙正比我大四五岁，人很稳重成熟，在体育队的时候我还追过他呢。只是那时他觉得我还小，不适合谈恋爱，所以没有答应，但他一直都很关心我，像个大哥哥。

和唐飞的事我都讲给龙正听了，他给了我很多安慰和劝导，使我的心情恢复了平静，我对龙正也有了很强的依赖，觉得和他在一起才有安全感。于是，我又一次向他提出交往的要求。这一次他没有拒绝，只是希望我考虑清楚。就这样，我和龙正确定了恋爱关系。

9月17日是我的生日，龙正却一整天都没给我打电话，他居然忘记了！偏偏在这时候，唐飞给我发来了祝福短信。我立刻把对龙正的不满抛到了脑后，和唐飞一直从晚上十点聊到凌晨一点。他说他其实也不喜欢兔儿，觉得她太做作，对人不真诚，还是希望与我和好。说实话，对唐飞的感情我并没有真正放下，他这么一说，我毫不犹豫就答应了。

后来龙正跟我解释，说他只记阴历生日，对阳历生日一向不重视，所以忘了。我知道他没有骗我，可是唐飞的出现使我对龙正的感情淡了。我满怀愧疚地向龙正提出了分手，理由是我不可能回到东北。龙正大概早就料到会有这样的结果，没有多说什么，只希望我以后有什么需要帮助的，还是能想到他。他真的是一个善良、成熟的男人，和他过一辈子，一定会很安定。可是在安定的生活与轰轰烈烈的爱情中，我还是选择了后者。

去年年底，唐飞退伍，去了长沙。走的时候我去送他，他说到长沙以后再和我联系。可是半个多月都没有他的音信，我只有在焦急中等待。大概又过了一周，我终于看到了他的QQ留言，说他过生日那天和人打架被抓、找工作很不顺前途一片黯淡、心情很低落等等。我看到留言后非常着急，拼命给他打电话、发短信。最后他终于给我回了电话，说看到我的留言和短信后很感动，觉得这个世界上只有我对他是最真最好的。就这样，我们重新恢复了正常的联系。

转眼到了今年五一，唐飞一直没有找到一份稳定的工作。5月1日那天，我们在电话里聊天，他说他和我走到一起会有很多很现实的问题，比如钱、工作等等，这些依靠他自己的力量是无法解决的。他其实就是暗示我，让我家里给他安排个好工作。我们以前聊天的时候，我曾无意中说过我家里的情况，他可能记住了，也许这才是他和我继续交往的真正原因。

他跟我提出这些要求的时候，我突然觉得好失望，原来他和我交往是有目的的！虽然我早就看出他是个喜欢耍小聪明、心眼儿多的人，可没想到他竟一直存着心要利用我。我一口回绝了他的要求，说：“安排工作的事绝对不可能，我提都不会跟家里人提的！”我觉得他和我交往就是想拣现成的——我家境好，学的专业好，以后不愁找不到高薪工作，可以省了他不少麻烦。这样一想，我更觉得生气，当即提出分手。他也很生气，因为我的拒绝打乱了他的计划。他说我一向很乖的，怎么说到需要我帮助他了就这种态度，太没人情味了。

就这样，我们在电话里大吵了一架，说了很多伤害对方的话，不欢而散。

巧的是，刚和唐飞吵完，兔儿后来的男朋友小磊给我打来电话。小磊是兔儿在和唐飞分手后追求到的，他是我们学校的“老大”，兔儿就是想利用他罩着自己，也可以顺便作威作福。小磊和我的关系还不错，他在电话里很郁闷地跟我说，兔儿总是骗他，和他谈恋爱的同时还谈了几个男朋友。他也知道兔儿不是好女孩，可他就是太爱她，舍不得放弃。和小磊通完电话，我突然发觉：女人越犯贱，越容易得到男人的心；像我这样傻乎乎的、从不花男人的钱、只知道付出的人，最终得到的只有欺骗，只有失败。

这个世界到底还有没有真爱？我已经开始怀疑。

富家出身，使我又被利用

和唐飞吵过之后，我知道我们不可能再和好了，因为我已经清醒，不会轻易被他利用。尽管我知道我做的是对的，但是就这样失去他，我的心还是痛如刀割。我忽然很恨龙正，他怎么那么快就放弃了我！难道在他眼里，我真的一点都不值得留恋，不值得爱吗？就因为我长得不够漂亮吗？

伤心无处排解，我只好上网找网友倾诉。一个网友推荐我去上UC（视频网站），他说：“你到那里去露一下脸，看看其他人怎么评价你。”在这个网友的怂恿下，我带着报复唐飞的心理上了UC。那里面很热闹，通过聊天，我认识了一些男的，并让他们看了我的视频，那些人几乎异口同声地夸我漂亮，夸我身材棒。在他们的吹捧中，我的虚荣心得到了极大的满足：你唐飞不是觉得我不漂亮、身材不好吗，可是欣赏我的男人多得是，在他们眼里，我就是一个性感女神！你就等着以后慢慢后悔去吧！

我开始对上UC有点着迷了，经常在里面展示一下自己。听着那些人的赞美，我都有点飘飘欲仙了。

去UC的次数多了，里面很多男人开始追我。其中有一个叫陆风的男人和我比较聊得来，他三十来岁，在上海一所大学工作。陆风经常约我出来唱歌，渐渐地我喜欢上他了。

我是个没什么心眼的人，每次陆风问我什么我都会如实地告诉他，包括我们全家上十口人全部转成了上海户口的事情。仅凭这一点，他就推断出我家庭背景不简单，因此对我格外殷勤。

有一次周末，陆风主动要求到我家来玩。要是平时，我肯定不会同意，可那几天正好家里没人，我犹豫了一下还是答应了。陆风应该算是个中产阶层，他有一辆十几万的车，在上海郊区也买了一套一百平方米的房子。可是到了我家，他还是被我家大而豪华的房子震住了。他知道，在上海这个寸土寸金的地方，能拥有这么大的房子的家庭，经济实力肯定不差。从那一刻起，我估计他更加坚定了自己的判断——我是个很有利用价值的人。可那时的我并没有察觉出他心理上的变化，在他的哄骗、引诱下，我稀里糊涂地和他发生了关系。

和陆风发生关系后，我变得有点患得患失，生怕他不要我了。我经常缠着他，千方百计想试探他对我是不是真心。而我想到试探的最佳办法就是看他愿不愿意为我花钱，这完全是受兔儿的影响。陆风偏偏就是个吝啬鬼，他从来都舍不得在我身上多花一分钱，甚至一起外出吃饭，他都会提出和我AA制，这让我无法忍受。于是我和他吵，和他闹，他竟不吃这一套，只要我一闹他就会比我还凶。

就在我不知道该如何处理这段感情的时候，爸爸出差回来了。他无意中发现了我和陆风之间有关系，在他的逼问下，我老实交待了我和陆风的事。爸爸表示坚决反对，他认为陆风和我交往是不怀好意的。我只好按照爸爸的意思和陆风分手，可陆风不同意，他说我要真和他分手的话，他就闹到我家去。话虽这样说，陆风并没有付诸行动，他不理我了。这样一来，我自己沉不住气了，又去找他。他却端起了架子，说我想跟他和好的话就必须满足他的条件。我隐约能感觉到他会提出什么条件。果然不出所料，他说他想当官，只要我家能帮他实现，他就和我结婚。

即使我答应了他，那也是毫无用处的，我叔叔无论如何不会帮他的忙。陆风太高估了我在家中的地位。首先，我是个女孩，在一个观念传统而保守的家族里天生就不会受重视。其次，我长得不好看，用奶奶的话说就是家族里最丑的女孩，这就更不招人喜欢了。还有，我妈妈和爸爸早就离婚，连爸爸都不把我当回事，其他亲戚怎么可能重视我？我就是一棵卑微的小草，误打误撞地生长在了一片花丛里，有谁会注意这棵草的存在？

在我这里捞不到什么好处，陆风便不再和我联系，有时在UC上碰到了，他也不理我，好像陌生人一样。

不慎被拍裸照，我的命运被人控制

又一次的感情受挫使我更加沉迷于UC的虚幻世界，只有在这里，和那些素不相识的人聊天、视频，我才能找回一点点自信。然而接下来，这里却成了我噩梦开始的地方。

我说过，我的人生观受兔儿的影响很大，这一次的噩梦也是源于她：她说女人只有通过男人的钱才能试出他的心。

我在陆风之后又认识了一个UC上的网友，他的网名叫水牛，IP地址显示他在北京。和水牛视频了几次以后，他说很喜欢我，找我要照片，这让我很反感，拒绝了他。有一次，他又发短信约我陪他上网看电影。我突然想起兔儿的话，就想试试他是个怎样的人。于是，我故意说电话费快用完了，要他赶紧给我充100元钱。他没同意，说北京买不到上海的充值卡。“不充就算了，你自己看电影去吧！”见他毫无诚意，我打算不再理他了。可他忽然话锋一转，说：“你把你的银行卡号告诉我，我把钱打到你账上，你自己去买充值卡行吗？”我没有多想就把卡号给了他。

谁知，我竟掉进了水牛设下的陷阱。

水牛拿到我的卡号，马上就上网查到了我的资料，包括我的名字，在读的学校、班级，甚至我是学生会主席，曾得过所学专业优秀学生、学校的优秀学生，以及马上就要入党等情况全部被他掌握。当然，他查到以后并没有马上让我知道，他就像一只抓到老鼠的猫，在吃掉之前先要好好戏弄一番，而我就是那只可怜的“老鼠”。

今年的7月27日晚上，水牛在UC上提出要和我裸聊。其实，那时我已经下定决心要改邪归正，不再裸聊了。因为我很清楚，再这样下去，肯定会出事。于是我把和水牛的这一次当作是告别，不管这里怎么龌龊，它毕竟曾让我找回过自信。

没想到，就这最后一次出现了“失误”。平时我和别人裸聊时，决不让自己的身体和头同时出现在视频里，可这次却不知道怎么回事，竟阴差阳错地让整个上半身出现在了视频里。当我要他发视频过来时，他却推脱说他那里不能视频。事实上他能视频，我看到了。

等我发现这个“失误”时已经晚了，水牛得意地向我炫耀他拍到的我的裸照。我当时就哭了，求他把照片删掉。他却又提出进一步的要求，说要看我的下半身，我不同意，他就把我的裸照发过来，还说出了我的真名、学校等真实信息。我一听，脑子顿时“嗡”了一下，瘫软在椅子上。水牛说，如果我配合他的话，他就会把照片删除。迫不得已，我只好答应了。

被他看完之后，我继续哭着求他，就算不删照片也可以，千万不要害我，否则我的前途就会毁于一旦。以我的学习成绩、工作能力和家庭背景，我能预感到我今后的发展会很好，而且自从我得了那么多荣誉之后，爸爸、叔叔都开始注意到我了，对我也越来越满意了。我不想在这么关键的时候出现这样的丑闻，如果裸照真的被水牛抖露出去，我这辈子绝对没有翻身的机会了。

越想越后怕，我已经好几个晚上都没睡着了。我只有不断地哀求水牛，希望他不要害我。水牛信誓旦旦地表示他不会拿这事害我的，他这么做只是想惩罚我一下：我那次逼他买充值卡的事让他很窝火，因为他最恨只认钱的女孩子，以后只要我乖乖地配合他，他就不会拿照片的事做文章。

虽然水牛答应不会害我，可这件事就像一颗定时炸弹，随时都有可能爆炸。到那时，我肯定会粉身碎骨，这么多年的委屈、忍让和勤奋都会化为乌有。我好怕，真的很怕，恐惧时时纠缠着我，让我无法呼吸。向前走是深渊，向后走是悬崖，我到底该怎么办啊？

自信的人才是最有魅力的

栗莎说她专门去派出所咨询过，警察说只要立案，就可以调查水牛的身份。可是栗莎不敢，她觉得那张裸照就像一支搭在弦上的箭，随时有可能向她射来。她希望我能帮她出出主意。我咨询了律师，答案是，在对方没有采取实际行动前，无法对他进行任何法律制裁。

虽然生在一个有权有钱的家庭，可是栗莎却敏感、自卑。她认为这都源于她并不出众的外表，甚至爱情的失败也是如此。这可能是男权社会给女性造成的惯性思维，一个女人再优秀，如果她没有天使的脸蛋和魔鬼的身材，她就不是一个完美的女人。可是女人不能自己心甘情愿地去被男人挑来拣去——一旦男人说你不漂亮了，你就自卑，放弃所有的尊严。只要你自信，你有才华，没有谁会小看你。

栗莎的不自信也导致了她盲从于别人的人生观和价值观，以为钱能试出男人的真心。还好，栗莎还年轻，她还有时间去改正错误。只要她积极做好防范措施，平静地面对一切可能发生的事，这个坎就一定能跨过去。

章小乖一开始就问我："你会不会认为我年龄太小，对感情的事还不是很了解？"没有等我说什么，她自己便给出答案说，"其实不是，我经历得挺多的，不论感情还是生活……"我以为，这只是她吸引我注意的一种方式，但是听完她的故事，我相信了她的话。不过我也困惑了：受到伤害，难道就是可以肆意放纵自己的理由吗？

一再受伤后，我选择了放纵自己

主人公：章小乖 / 女 / 21岁 / 暂无业

初恋受挫

我出生在成都一个很普通的家庭，父母都很爱我，但他们脾气火爆、性格倔强，两人经常吵架，只是因为我而没有离婚。上学时，我很争气，成绩一直很好，父母及亲戚都认为我是上大学的料。可是，一段过早出现的恋情毁掉了我的大好前程。

初二那年，我和高我一个年级的刘森在一次课外活动中认识，之后他连续两三个月不停地给我写情书。本来我不想理他的，可偏偏我的死党俐子偷偷跟我说她喜欢刘森，不知是虚荣还是什么，我竟鬼使神差地答应和刘森恋爱了。我混乱的人生就此拉开序幕。

刘森是个逃课、打架、抽烟、喝酒样样拿手的坏学生，可我却莫名其妙地越来越迷恋他，迷恋他的甜言蜜语，迷恋他坏坏的样子，甚至跟着他学抽烟、喝酒、逃课……16岁那年，他夺走了我的处女之身。就那一次，我便从他的新欢变成了旧爱，他的下一个新欢就是我视为最好朋友的俐子！

初恋的惨败让我痛不欲生，学习成绩早已一塌糊涂的我更加无心读书，为了逃避现实，我还离家出走了好多天，让对我寄予厚望的家人伤透了心，争吵不断升级的父母无心再管我，整个家庭的气氛变得更糟糕。初三没读完，我就辍学了。从那以后，连一向疼爱我、以我为荣的外婆也对我失去了信心，放弃了对我的拯救。

为他流浪

辍学后，我在家闲不住，偷偷跑到附近的小酒吧做服务员，做了一个月就没再做了，爸妈不让我去那样的场所工作。

百无聊赖的我不久又发现了一个新的消遣方式——上网，并很快沉迷进去。爸妈以为我在学电脑，还挺支持。

在网上，我遇到了一个叫石缙的男孩，他大我三岁，在攀枝花。聊了一个月，我就去攀枝花和他见面了。他长得挺帅，我一下就喜欢上他了。我回成都后没多久，有天晚上，他突然打电话说要来找我，让我赶紧到车站接他。其实，他下午就已经到成都了，和一帮朋友在溜冰场玩，结果和人发生争执，竟拿刀把一个男孩捅了！当时全国正在通缉马加爵，满街都是通缉令，大家很害怕，各自逃了。后来石缙怕被那帮朋友出卖，找我帮他。我没多想，带着他连夜赶往攀枝花躲了起来。

躲了没两天，石缙就听网友说他们的通缉令已经出来了。他吓傻了，躲在小旅馆里不敢出门。结果有天晚上碰到临检，石缙更是吓得半死。幸好那天只是警察的例行检查，虚惊一场。我觉得这样躲着不是办法，不如回到成都去。六神无主的石缙听从了我的建议。

到了成都，我不敢回家。为了谋生，我到处找工作，可我那时才17岁，哪个正经单位敢雇用我啊！正在着急上火的时候，一个朋友说他姐姐在成都簇桥的一个洗脚房上班，可以介绍我去做事。我毫不犹豫地答应了，去了才知道，那并不是一个单纯洗脚的地方。但身无分文的我已没有别的选择。只是，无论老板怎么劝，我都不肯接客，因为我要挣干净的钱来创造我和石缙未来的生活。

由于我长相出众，找我的客人很多，老板眼看着有钱不能挣，急坏了，又怕我跑了，天天派人跟着我。我心里很清楚，再不想办法逃走，我的清白日子就要到头了。

有一天，机会终于来了。我给一个叫雷钧的客人做足部按摩，和他聊了几句后，他觉得我挺能干，就要我去他酒吧打工。我当即答应了他，条件是他必须把我带出那个火坑。雷钧也很爽快，给了老板一笔钱，赎回了我的自由。

也许我天生就有做生意的头脑，加上我曾经在酒吧工作过，有点经验，雷钧那间投资多、生意少的酒吧在我的精心打理下，有了很大起色。雷钧非常高兴，干脆把酒吧交给我管理，每月给我2000元工资。那个时候，借住在朋友家的石缙也在餐馆找了份端盘子的工作。这一切都让我对以后的生活充满了希望。

11月10日，石缙下班后赶来给我庆祝生日。我们在路边摊上吃烤串、喝酒、散步，简单却幸福。夜深了，疲惫的我们奢侈地花了40块钱在旅馆住了一晚。不知是几点，石缙的电话响了，我迷迷糊糊地帮他接了。电话是个女人打来的，她第一句话就是："我老公呢？"我一下子懵了，问她是不是打错了。她一字一顿地说出了石缙的名字，还问我是谁。我不知该如何作答，挂断了电话。石缙这时已经醒了，也明白发生了什么事。我什么都不想说，起身就走。他这才慌了，赶紧拉住我解释说，那女的是他一个网友，因为我一直在外面做事，他无聊了才和那个女的交往，但纯粹是闹着玩的。

我为他离家出走、冒着卖身的危险为我们的未来打拼，他却偷偷和别的女人"闹着玩"？我无法接受这样的事实，甩开他就走了。一出门，我就把手机扔了，也扔掉了我和石缙的感情。

放纵自己

回到酒吧，我再也克制不住，没命地哭，把和我同住的吧员姐姐吓坏了。第二天上班时，我眼睛还是红红的。细心的雷钧很快就猜出了是怎么回事，不停地安慰我，说些暖心的话。我何尝不知道他的用意，可他是有家室的人，我不想做出破坏别人家庭的事，所以我只能拼命工作，以此来报答他的救赎之恩。

可惜好景不长，雷钧的妻子大概感觉到了我的存在，从不到酒吧来的她开始频频搞突击检查，看我的眼神也是充满了敌意。于是，我知道我做不长了。有一天晚上，雷钧喝得醉醺醺的，回到酒吧，躺在沙发上不停地喊我的名字。第二天，我一句话没留，收拾好衣服，悄悄地回家了。

可是，家没有给我想要的温暖。一回家，我就遭到了爸爸的一顿毒打。我的无故出走使父母非常伤心，特别是爸爸，他整日借酒浇愁。我回去的那天他又喝醉了，一看到我，他就愤怒地一把将我拖出去，在大街上把我打得浑身是血，趴在地上起不来。后来还是旁边看热闹的叔叔阿姨帮我擦血，把我扶起来的。爸爸只跟我说了一句话："你要真不想回家就别回了！"我委屈极了，倔劲也上来了，扭头就走。

我打车去了一个叫晓霞的朋友家，她一个人住着一套一室一厅的房子。晓霞很热情地收留了我，并帮我找了份售货员的工作。晓霞在我最无助的时候给予了我很大的帮助，我打心里感谢她，对她一点戒心都没有，还把自己第一个月的工资给了她。谁知，我的真心却遭到了欺骗。

有天晚上，晓霞硬拉着我陪她去一家KTV见网友。那几个网友简直是禽兽，他们悄悄往我杯子里下药，然后晓霞就在旁怂恿我喝。毫不知情的我喝下了那杯酒，于是，昏迷中的我被那群人恣意糟踏。清醒后，我一滴泪都没流，心已经坠入冰窖。同时我也发现，无论我怎样真心付出，换来的总是欺骗。

我不恨晓霞，只是瞧不起她，她侮辱了"友情"这两个字。于是我搬出了她家，自己在外面租了间简陋的屋子，也辞掉了她给我介绍的那份工作。我灰心极了，在小屋里躺了三天三夜，脑子里全是一个个面目丑恶的男人。仇恨的火在我心里燃烧起来，烧光了我的理智。

第四天晚上，我终于起床了，还给自己化了精致的妆，换上了漂亮的衣服，出去吃了一顿可口的晚餐，有如重生般精神饱满地开始找工作了。我没有去人才市场，也没有看报纸上的招聘广告，而是直接去了一家比较有名的酒吧。没错，我是去那里当坐台小姐。老板只看了我一眼，就要我立刻“上班”。

也许是我本来就漂亮的脸在暧昧的灯光下越发显得妖媚，男人们纷纷扭过头看我。不一会儿，我的身边就已经围了一圈端着酒杯的男人。我一边在心里骂着他们，一边摆出笑脸和他们搭讪，至于最后选择和谁喝酒，那就要看我最讨厌谁了。

对付这些烂男人，我决不手软。第一步，我就是花他们的钱，什么东西贵我要什么；接下来，如果是已婚男人，我会把他们的丑行偷偷透露给他们的妻子。于是，要不了多久，这些男人便会从我的视线里消失得干干净净。然后，我再开始实施下一轮的惩罚。

我“惩罚”的第一个男人是一个某事业单位的领导。他长得不错，表面上文质彬彬的样子，但我一看他的眼神就知道，这是一个极不安分的男人，似乎随时在寻找“猎物”。很轻易地，我就和他亲密起来。在迷恋我的日子里，他对我有求必应，没几天我就把全身的行头换成了名牌，还额外添置了不少东西。过了一个多月，我把我们之间的短信和照片整理好，统统发给了他妻子（他妻子的电话号码就存在他的手机里）。果然，没两天他就不再来找我了，连电话都不曾打一个。

每当看到那些男人为我掏钱时或故作潇洒、或犹豫不决、或心疼不已的样子，我就觉得特别解恨，我想让他们记住一点：无代价的索取等于痴心妄想。只是后面一步我总是做得很犹豫，因为那样会让另一个女人伤心。但是，为了惩罚那些男人，我管不了许多，看到男人们沮丧的样子，我心里特别痛快。

我不断放纵着自己，就像一个吸毒上瘾的人一样，无法自拔。

再入爱河

我以为，我今生不会再去尝试爱了，那只会让人受伤。可是，有些东西你已经放弃的时候，它偏偏又会出现。

2007年的大年三十，我一个人在网吧玩游戏时认识了一个叫越谦的大学生。那时网上人不多，我想和他闲聊，还给他看了我的照片，可他却很冷漠。从来没有哪个男人见过我的照片还能对我如此冷淡的，这勾起了我的好奇。

于是，一周后，我约越谦在一家KTV见面，正好他和同学要在那里聚会。

越谦给我的第一感觉就是个腼腆的小男生，而我那天穿了一身黑色的套装、风衣、靴子，看上去简直像他的阿姨。和他那帮同学玩过之后，我和越谦单独出去散步。他像个木头一样，什么话都不说，一路上只有我的高跟鞋踩在地上的“哒哒”声。绕了几圈后，他终于憋出了一句话：“你渴不渴啊？”弄得我哭笑不得。不过，他的单纯、木讷却让我特别轻松。在经历了无数心机和势利后，我突然觉得我很渴望这种单纯，它绊动了我心里那块最柔软的地方，已经死了的心，重新燃起了微小的火焰……当他终于用他那只已经被汗湿透了的手牵起我的手的时候，我好高兴。

之后，我们经常联系。不过说实话，那个时候我对越谦的感情还说不上是爱，我对他只是有点新奇加喜欢。直到后来发生了一件事，我才真正坠入爱河。

我在网上认识了一个女孩。有一天，她哭着给我打电话，说她被网友骗到成都来，不仅被骗光了钱、失了身，还被那个人赶了出来。我听了很心疼，让她来找我，和她一起去找那个伤害她的人。我打电话约那个坏分子出来谈判，本来我打算自己一个人带那女孩去的，可越谦知道后怕我有事，叫了七八个同学，还带上木棍、钢管陪着我们一块儿去。

在约定的地点，那个人和他一个朋友来了。见我们人多，他们不敢怠慢，解释说那女孩有性病，传染给他了，所以他才把她赶走的。女孩坚持说自己没有性病。我提出马上去医院检查，一切费用我出。那人当时就愣了，不敢去。我问他到底要不要负责，说如果不负责，他就休想全身而退！

那人知道理亏，便开始说些求情的话。说着说着，他突然对着走廊吼了一声，在所有人都回头看的一刹那，他一把将离他最近的我拽过去，手里的刀已经架在我脖子上了。

当时，大家都傻了，那女孩更是“哇”的一声哭了。可我却出奇地冷静，反而是那个人，全身都在抖。

越谦和他同学都不敢动，刀就在我脖子上，谁动一下，我就会有危险。就在这时，越谦突然一把扯掉上衣，流着泪，发了疯似的到处找刀，说只要放了我，他愿意自己捅自己！他把每个人身上都搜遍了，可是没有一个人带了刀。他只好求那个人放了我。他着急的样子，我这辈子都忘了不了。也就是在那一刻，我彻底爱上了他。

那个人倒也聪明，他说，他看见越谦是真的很爱我，所以不忍心伤我了，他会放了我，要怎么样，随便我们。回到越谦身边，他紧紧地抱着我，全身颤抖，连呼吸都很困难。我一边为他擦眼泪，一边笑着骂他傻瓜，怎么能拿自己的命救我的命。如果他死了，我也不会独自活下去的。他说，为了我，他什么都愿意付出，包括生命……

后来，我们放过了那个人，那女孩还是跟他走了。走之前，他承诺一定会好好照顾那女孩。对此，大家都很欣慰。

和越谦相爱后，我再也没有去过酒吧、KTV那样的场所，因为在我眼里，我和越谦的爱就像一块纯美的玉石，容不得一丝瑕疵。

可是，“出来混，迟早是要还的”，我曾经那段放纵的生活不会就此止住，它像一个幽灵般尾随着我，随时准备破坏我珍惜的一切。

尽管我换了电话、换了住址，甚至连形象都改变了不少，可我和越谦外出时，还是会经常碰到一些在酒吧认识的姐妹。好几次我都匆匆敷衍过去，单纯的越谦一点都没有怀疑。但我常常做噩梦，梦见越谦知道了一切后，离我而去。

我很怕，怕这一切只是个华丽的梦境，说不定哪天它就会消失得无影无踪，而我，又将堕入黑暗的世界……

珍惜人生每一步

章小乖从一个优秀的学生变成充满仇恨的坐台小姐，似乎有很多理由证明她走到这一步是身不由己。不过，如果她能珍惜人生，慎重对待自己迈出的每一步，也许她的情况要比现在好得多。

追查章小乖的人生轨迹，她迈错的第一步，是早恋。不成熟的心智使她“爱”上了一个不良少年，结果为他失身又失学。第二步，是离家出走。心情不好、父母不和，她便一再以出走来逃避。第三步，交友不慎。她无论选择男友还是同性好友，都出现了一些偏差，导致她在岔道上越走越远，做出用自己的青春去报复男人的蠢事。

不过，章小乖也不必过于悲观，毕竟她还年轻，她还有机会选择今后的道路。只要放弃仇恨，用一双充满爱的眼睛去看待周围的一切，用真诚的心去关爱她所爱的人，相信她能得到宽容与真爱。

重病在身的恬玫，目前病情稍有好转，可她的心情却好不起来，全因她那个绝情的男友。可是，对于男友柯飞的消失，恬玫始终不能相信，她甚至还抱有幻想，幻想着他哪一天突然出现在她面前，对她说他不会抛下她，会一直爱她、陪她。

重病之后，六年恋人弃我而去

主人公：恬玫 / 女 / 28岁 / 暂无业

“今年过完年，我得了很重的病，恋爱六年的男朋友得知后玩起了失踪，不给我任何解释，至今我也联系不上他。我好难过！六年啊，六年的感情说没就没了，我真的难以接受！我相信他还是会回来找我的，他肯定有什么不便对我说的原因。”

三个月过去了，柯飞依旧音讯全无，恬玫给他打电话，他要么不接，要么接了一听是恬玫就挂，然后第二天手机号就成了空号。这，已经很能说明问题了，恬玫也渐渐明白，只是她心里还有个小小的愿望，希望柯飞能帮她实现……

爱上摄影男

在认识柯飞之前，我绝对是个骄傲的公主。生长在广州的我，有着北方女孩的高挑身材，江南女孩的白皙皮肤。从上初中开始，我就成为男生竞相追求的对象。不过我很自律，也很清醒，知道什么时候该做什么事，所以我的全部精力都放在学习上，学习成绩一直保持优异。

我考上了北京的一所大学，在校期间，我凭借良好的外形被选入了学校的模特队。在业余走秀活动中，我被几家服装厂商看中，替他们拍平面广告。就这样，我不仅自己解决了生活费问题，还渐渐摸到了服装行业的一些门道，萌生了毕业后自己创业做服装生意的想法。

在兼职做模特期间，我爱上了一个摄影师。光看外表，很多人都会说我们非常般配。他个子很高，长相俊朗，也是我理想中的最佳男友形象。而更加吸引我的是他的专业技术、才气和阅历，这些，都是校园里那些男生们尚不具备的。

和摄影师恋爱的前半年是浪漫的，他在工作之余，会带着我出去采风，带着我参加一些时装发布会，也会带着我在各种风格的酒吧流连，让我这个象牙塔里的女生开了眼界。可是，相处的时间长了，我开始意识到我们之间的隔阂与矛盾。

他是个摄影师，在搔首弄姿的各类美女面前按下快门就是他的工作。我不就是通过这样的途径和他相识相爱的吗？但角色一旦转换，我就对此有点难以接受了。因为经常会出现这样的情况：当我们单独在一起享受温馨时刻时，他的电话会突然响起，打来的多半都是女孩子，而他也是来者不拒，一概温言软语。

我们的争吵多了起来，他似乎对我的表现非常厌烦，每次我找他吵，他要么解释两句就不再出声，要么连话都不说，冷漠地推门而出。现在想来我都觉得那时的我仿佛不是我自己，疯了一般地到处找他，给他的每个朋友打电话，甚至在他拍片时冲入摄影棚，把被拍的女模特臭骂一顿。几个月折腾下来，他累了，我也累了。分手时，他平静地说："我们不合适，你的爱情在我这块土里只能枯萎。"

后来，我听朋友说，我的摄影师男友真的有很多个模特女友，和我恋爱的前、中、后期都是这样。听到这些时，我忽然有了一种轻松的感觉，也许我和这样的男人真的不在一个世界，和他分开，不是一件坏事。

结识朴实男

我大学毕业后回到了广州，在一家服装外贸公司找到了工作。我并没有放弃自己创业的想法，只是我需要积累经验和资金。

第二年夏天，我负责公司办公室的装修工作，因此认识了在装修设计公司工作的柯飞。他个头不高，长相平凡，看上去很朴实的样子，让人不自觉地就产生信任感。于是，在几家装修公司中，我选中了柯飞所在的公司。

柯飞果然没有让我失望，他们公司把工程完成得很好，令我得到了老板的夸奖。为此，我特意请柯飞吃了顿饭，只是，最后是他抢着付的钱。柯飞家在山东，大专毕业后一直在广州打工，收入勉强够他自己生活，可他说，哪有女孩请男孩吃饭的道理，即使身无分文，他也会找别人借钱来付这个账。没想到这个男孩还挺可爱，我越发想和他做朋友了。于是，吃完饭，我们互相又留了QQ号。

就这样，我只要在网上碰到柯飞，就会和他聊上一会儿。他这人说话很逗，害得我常常对着电脑屏幕放声大笑，周围的同事因此笑话我是疯子。渐渐地，我竟然变成一天不和柯飞聊天就觉得差点什么，有时候晚上为了等他上线，我连睡美容觉的习惯都不顾。这些变化，我自己并没意识到什么，直到有一天，一位同事大姐盯着我的脸看了会儿说："丫头，你是不是在谈恋爱啊？看你这满脸春色的！"听人这么一说，我才猛然意识到：我是不是喜欢上了柯飞？

柯飞和摄影师前男友完全不属于一种类型，他不高，不帅，没有特殊才能，我怎么会喜欢上他了呢？虽然找不到答案，可我心里却莫名地对他有了一份牵挂。只是，我不愿把这份感情表露出来。我一直都是被男生追逐，何曾主动追求过男生？

不知是不是有心灵感应，一向说话不涉及感情的柯飞，有一天晚上突然在QQ上对我说："我想告诉你一件事。""什么事？"我心里一动，觉得他可能要说出我期待的话。果然，他说："我发现我喜欢上你了。可是……""可是什么？"我问。"可是你如果不能接受的话，请不要介意，就当我什么都没说，我们还是朋友。好吗？"我的心激动得都快要跳出来了，却故意逗他："嗯，我确实很介意。"他发过来一个流汗的表情。我哈哈大笑，说："我很介意你为什么这个时候才说，害我等了那么久！"那边没有回话，接着，我的电话响起来了，我们聊了很久，直到电池耗尽……

最踏实的爱

我和柯飞恋爱，朋友、家人都不太理解。我妈见过柯飞后说：“这男孩看上去不像会有什么大出息。”我可不在乎他有没有出息，只要他爱我，对我好，对我忠诚，这就足够了。不过，我妈还是提了一个要求：必须要柯飞买套房子。她解释说，柯飞家里穷，他那点收入也只能养活自己，假如不逼着他上进一点，她这个做妈妈的实在不放心把女儿交给他。妈妈的话合情合理，我只有默认。

可是，仅靠我们那点工资，在广州买房简直是天方夜谭。于是，我打算实施自己的创业计划。和柯飞商量后，我们决定辞职一起干。

凭着我对服装行业的一点了解，加上在外贸公司积累的一些经验和客户资源，经过了半年的辛苦奔波，我谈下了几个服装品牌的代理权。考虑到我妈要求柯飞买房子，如果是我挣的钱，我妈依然不会认账，因此我用柯飞的名字注册了公司。

创业初期，我和柯飞既是老板也是员工，几百件的衣服，我和他一起搬，一起往柜台送，常常忙得连饭都没时间吃。不过我们互相鼓励：一切为了房子，为了我们的家！

经过一年的辛苦努力，我们一算账，心情顿时低落不少，刨去各种费用和银行的贷款，我们几乎没有赚到钱，还不如两个人上班。我能看出柯飞失望的心情，他太想快点成功，快点证明给我妈看了。不过我对此倒是有点心理准备，创业哪有那么容易成功的呢。我安慰他，讲了很多我认识的成功者的事例，目的就是告诉他，赚钱不是一朝一夕的事，而且我们没有亏本就算不错了。柯飞这才慢慢恢复了信心，他说他没有退路，所以特别害怕失败。

春节后，我们又开始忙碌起来。一次偶然的机会，我接触到了一家制衣厂的老板，他说他们厂接了很多品牌的订单，只怕难以完成，想转出去一部分。我一听，脑子里灵光一现：我能不能接过来试试呢？当我提出这个想法时，老板有点怀疑，但也许被我的自信打动了吧，他同意给我一点，让做着试试看。

于是，我在那位老板的指点下，用手上所有的钱租了厂房，购买了几套机器，请了几个女工。当然，机器也是以柯飞的名义买的。所有准备工作在一周内全部完成，连我自己都佩服我自己，竟然能这么雷厉风行。

多了一条挣钱渠道，但我们也有些顾不过来。虽然说是两个人一起做，但我觉得，其实大部分事情都是我在做，柯飞只起到了司机、搬运和监工的作用。

如此拼命地又干了一年，盘点了一下，我们得到了意外的惊喜，居然挣了差不多20万！我和柯飞高兴得抱在一起又笑又跳，然后还跑到一家高档海鲜餐厅大吃了一顿。我记得清清楚楚，柯飞在吃饭时很深情地对我说，一定要带我去普吉岛玩一次，因为我对浪漫的海滨度假向往已久。

临阵消失的恋人

我一个人实在撑不住，便想招两个业务员和财务人员。但柯飞似乎并不太愿意，他说请了人，我们的利润就会少很多。我没有马上反驳他的话，而是建议他来分担一些我的工作。这一招还真有效，不到一个月他就招架不住了，说自己干不来，还是请人算了。我嘴里笑话他，可心里不知怎么有点不舒服，他还真的像我妈所说，没什么大出息。不过我不就是喜欢他的朴实吗？他做不了，我来做就是了。

由于分工的不均衡，我每天忙得昏天黑地，柯飞却常常很闲，他除了监督一下工人、送送货，其他时间就是逛商场。我经常发现他换了件新衣服或者新鞋子或者手表、手机什么的。他说，他现在是老板了，出去总得有个老板的样子，不能再像以前那么土了。

我们的公司经过两年的经营，已经快要步入正轨了。我们也已经筹齐了买房的钱，准备2010年春节后就买。可是，不幸也就在这个时候悄悄降临。

2010年春节前的一天中午，感觉疲劳至极的我倒在床上就睡着了。这一觉就睡到天黑，我妈叫我起床吃饭，我也没有动静。这下可把我妈吓坏了，她当即就和我爸一起把我送到了医院。经过检查，结果是我脑子里长了个瘤子！我爸后来说，我妈当时就昏倒在医院了。

医生说我必须立即做手术切掉瘤子，否则我很有可能终身瘫痪。救命要紧，我妈只好把我们准备买房的钱取出来支付了治疗费用。幸好手术进行得比较成功，我的命算是保住了。

我清醒过来时，没有看到柯飞。我妈见我眼光到处搜索，明白了我的意思，说柯飞只在我手术前来了一次，后来说要忙厂里的事，一直没有再来过。我刚刚手术完，左边肢体还是麻木的，活动不便，但还是逼着妈妈把手机给我。打通了柯飞的电话，他说厂里的事情多，没法陪我，要我好好养病，一切由他来处理。听他这么说，我的心才算安下来。

我住院三个月，柯飞只到医院来过两三次，每次都是来问我关于生意上的事，问完后匆匆说几句就要走。说实话，看着他忙乱的样子，我心里挺愧疚，只希望自己能快点好起来。

五一节前我出院回家。由于没有完全恢复，我隔几天就要去医院做康复治疗，依然不可能去厂里做事，只能帮柯飞出主意。然而，到了10月，柯飞不再到我家来了，给他打电话他也不接，我不知道出了什么事。情急之下我联系上了我们雇请的会计，她接到我的电话非常意外，说厂子一个月前就停工了，柯飞给他们发了工资后就让他们都回家了。

我简直不敢相信自己的耳朵，发生这么大的事，柯飞怎么一句都没跟我提起过？我在妈妈的陪同下，强撑着去厂里看，结果发现那个厂房已经转给了别人，而我买的机器及里面所有的东西都不翼而飞。我又辗转找到一个和柯飞关系不错的生意伙伴，他告诉我，柯飞在我住院期间把生意做得很糟，原来一直和我们合作的商家都弃我们而去，不愿意再合作了。生意做垮了之后，柯飞还去找了这个朋友，要他帮忙把机器卖掉。最后机器卖了多少钱，柯飞什么时候走的，他也不清楚。

连着几个月来，我不停地给柯飞打电话，他看到是我的号码就不接；我换个号打过去，他一听到我的声音就挂；打到他家里，他父母支支吾吾说不知道儿子的下落。

我现在几乎每天以泪洗面，连继续治疗的信心都没有了。我只有一个愿望，那就是希望柯飞能出现，陪我玩一天，最后一天。哪怕他不能兑现诺言带我去普吉岛也没关系，只要他来陪我一天，我就是第二天死了也没什么遗憾。

走过“失落”的雨季：

患难考验真情，失真的爱不是爱

恋爱阶段，分分合合本是常事，可是被抛弃的一方却总有太多的不甘、不舍、不愿，即使对方已经做得非常绝情了，依旧对其存有幻想，长久如此，不但不能解放自己，也得不到周围人的理解和同情。

恬玫的不甘心确实有道理：生病前她漂亮能干，为柯飞付出了六年的感情，连她一手建立的公司也都是挂在柯飞的名下。如今，柯飞玩起了人间蒸发，她所有的一切都没了，从内在情感到外在的财产，损失可谓不小。可是，追究情感无从追起，讨回财产也没有法律依据——那些财产在名义上是属于柯飞的。至于恬玫执意要我帮忙找到柯飞，要他给一个分手的理由，那也不过是她一厢情愿的想法而已。他的逃避，恐怕连几岁的孩子都能察觉，何况恬玫这么个聪明的女子。

与其追问负心人为什么负心，不如在恋爱前、恋爱中保留一点理智，该分清的就分清。也许恋人们会质问，能分清那还叫恋爱吗？可是无论两个人如何相爱，也是两个独立的个体，只有相对的分才会有相对和谐的合。就如包裹伤口的纱布，如果不每天打开换药，伤口和纱布就会长到一起，待到不得不分开时，那种痛就是撕心裂肺了。

我的一个好朋友说，我的两段感情都和我的恋父情结有关。也许是这样吧，旁观者清，我自己并不清楚。

只爱已婚男，落得失意又失财

主人公：叶苗 / 女 / 26岁 / 私企老板

叶苗有漂亮、纯真的外表，高挑的身材，白皙的皮肤，发型简单到只是一个没有任何装饰的马尾。可是当你看着她那双丹凤眼时，你会看到一种猫一般的灵动与妖媚。

叶苗抽出一根烟，然后不好意思地笑笑说，只有在烟雾缭绕中她才能完整地回忆过去。就在她思索的时候，一个二十多岁的年轻男子走过来，俯身在她耳边说了些什么，叶苗就从包里掏出钱包递给他。男子带着歉意地朝我点点头，出去了。“他是我男朋友，要买点东西，没带钱。”叶苗解释道。我以为，她的故事会以他为中心，可是，完全不是这样。

看到我的车，他眼睛亮了一下

朋友都说我这人为人仗义，但也很极端，特别在感情方面，有时候是无知加偏执。我想，这和我的家庭有一定的关系。

我爸是个很优秀的人，在我很小的时候就出国进修了几年。那期间，我对爸爸只有概念，没有形象，都是妈妈和外婆照顾我。在我快上学的时候，还算年轻的妈妈终于耐不住寂寞，爱上了别的男人。爸爸刚刚回国与我们团聚的时候，他们离婚了。在我的印象中，他们离婚离得很平静，爸爸后来告诉我，其实当时他非常痛苦，甚至想把妈妈爱上的那个男人痛打一顿。之所以没有那样做，是因为他怕小小的我受到伤害，既然妈妈去意已决，任何的挽留和报复都是没有意义的。

由于觉得亏欠我太多，爸爸对我非常宠爱，为了给我提供更好的物质条件，他毅然辞去公职，下海经商。几年下来，我家也算得上富裕之家了。我对爸爸的崇拜与依恋也与日俱增，在我心中，他就是爱与智慧的化身。我上中学时爸爸娶了新的妻子，我躲在外面哭了很久，也拒绝与他们同住，除了周末和节假日，我都住在学校宿舍。

我的一个好朋友说，我的两段感情都和我的恋父情结有关。也许是这样吧，旁观者清，我自己并不清楚。

第一个男友是我刚刚工作没多久时在网上认识的。他叫石印，自我介绍说是东北人，国企技师。聊了一段时间后，我们就开始了网恋，尽管是虚幻的世界，可我觉得我们的感情很真实，就算他说他已经有老婆了我也不在乎。我们在网上热恋了半年后，石印提出要和我见面，这也正是我所期盼的。

我开着爸爸的车去火车站接石印，当他出现在我面前时，我们像天天见面的恋人一样，毫无距离感。只是他比照片上显得老一点，瘦一点，高一点，比他说的30岁看上去大几岁。不过这又何妨呢，我喜欢的就是这样的男人——成熟，还带点沧桑感。

我记得，石印看到我开的车时，眼睛亮了一下，很兴奋的样子。不过当时我没放在心上，看到好车有点这样的反应我不觉得是件很奇怪的事。但事实证明，我错了。

石印在长沙住了一周，我们玩得特别开心。平时我就爱K歌、蹦迪、泡吧、吃西餐、徒步，那一周里，我把经常去的地方都带他玩了个遍，所有的费用都是我出，包括他的食宿行。他以为我花的都是爸爸的钱，其实不是，我很少开口找爸爸要钱，我自己有工作，我在一家报社的广告部工作，收入还不错。

一周后，石印说他必须回去了，请的假已经到期。送别时，我们依依不舍，我说虽然他有家室，但我还是希望能和他永远在一起。他紧紧地抱住我，许下承诺："我回去一定离婚，和你在一起！你等着我！"虽然我知道离婚绝不是件简单的事，可听到这样的诺言，还是很开心。

石印回去后，我有好长时间联系不上他，他QQ头像是灰的，我的短信他也不回。我开始变得焦虑起来：难道他的承诺只是随口一说？他和我只是玩玩而已？就在我失落、颓废的时候，一天清晨，我接到了石印的电话，背景音非常嘈杂，他大声地说着："我又来了，在火车站，你愿意来见我吗？"这是在做梦吗？我使劲掐了下自己，很疼，是真的！

携款消失，他爱我只是个幌子

再次见到石印，我没有拥抱，没有笑脸，反而拼命用脚踢他，一边哭一边骂他为什么玩消失，为什么一点音信都不给我。他嘿嘿地笑着安抚我，说之所以不跟我联系，是因为他在办很重要的事，然后想给我一个惊喜。石印很郑重地说："我去兑现诺言了，回去就是去办理离婚手续的。"怎么可能？才一个多月，这么顺利就离婚了？"当然不顺利，我把所有的财产都给她了，她才签了字。还有，我把工作也辞了，以后就跟着你混啦！"还有什么消息能比这个更让我激动的？我觉得自己瞬间从一个失意的女孩变成了世界上最幸福的女人。

我和石印很快就同居了，我们一起住在我租的房子里。平时我去上班，石印就在家上网、做饭。没过多久他就觉得无聊了，想找份工作。可他说在长沙人生地不熟，不想出去找，问能不能到我爸爸的公司去工作。我觉得这想法也不过分，就回家和爸爸说了。对于我和石印同居的事，如果放在其他家长那，肯定会遭到严厉制止，可在我爸爸这却不一样，爸爸毕竟在国外待过几年，对我的管教属于松散型，只要我开心，不做违法的事，他一般不会干涉。所以我很直接地找爸爸帮忙，他倒也没说什么，只是对于把石印安排进他的公司有点为难，给个普通的岗位怕石印不满意，给个好点的职位，爸爸也不放心。最后，爸爸说干脆把石印介绍到其他公司去，这样对大家都好。

我跟石印说了我爸的意思后，他似乎有点不高兴，但很快就改变情绪了，说我爸想得很周到。过了几天，我爸就要石印去他朋友的公司上班，至于做什么工作，去了再具体安排。

石印的新工作是做销售技术员，也就是做销售的同时帮助客户解决一些技术问题。他做得很卖力，经常加班，我要他别太辛苦了，他说他现在用我的钱，以后就得反过来，让我享受他带给我的富足生活。听到这样的话，每个人女人都会感到甜蜜，我自然不例外。

可是，变故突然出现，而且出现得那么让人措手不及，至今我也想不明白究竟是什么原因导致石印做出那样的事。朋友后来分析说，石印之前所说的什么离婚啊，辞职啊，都是假的，他的目的就是一个字——“钱”。

事情是这样的，石印在那家公司做了好几笔业务，有些客户还是我爸爸给他介绍的。可他每次收款都不到位，一直拖着，到了年底，公司催得很紧，他就说出去全部收回来，然后便一去不复返。当时他跟我说的是公司派他出差，由于他经常出差，所以我连他去哪儿都没问。他消失了将近十多天后，我觉得不对劲，打他手机，提示已停机，打电话去他公司，不料那边也正在到处找他。这时我才意识到出事了，起初我以为是石印出了什么意外，急得到处查找有关车祸的新闻；可几天后爸爸来找我，说那家公司联系了石印去收款的单位，结果人家都说款早就付了。种种迹象清晰地表明：石印是携款逃走了！

爸爸说，这事让他非常尴尬，他介绍去的人不仅私自离职，还偷走了公司的钱。为了平复朋友的怒气，也为了自己的面子，爸爸不得不自掏腰包替石印还上了那十几万块钱。尽管如此，爸爸看到我惊讶、痛苦的表情，也没再多说什么，只嘱咐我不要太难过，吃一堑长一智，以后交友多注意一点就行了。

这事虽然由我爸摆平了，可我却咽不下这口气，发誓一定要找到他，当面问清楚他究竟是怎么想的，为什么要欺骗我。可是等我想找他的时候却发现我没有关于他的任何有用的线索，除了知道他是东北人，连具体是哪个省我都没有问过。就这样，这个叫石印的男人从此从我的生活中如同被晒干的水一样彻底蒸发，无影无踪。而我则三天不吃不喝，痛苦到极致时，甚至拼命撕扯头发，一根接一根地抽烟。不过，我这人有个优点，伤痛来得快去得也快。没几个月我就走出了阴影，恢复了正常的生活和工作。

还是已婚男，为他死去又何妨

我并没有接受第一次恋爱的教训，依旧喜欢成熟型的男人。于是，第二次恋爱我又爱上了一个已婚男……

这个男人叫沙原，我和他认识时，距离上一次恋爱已经过去两年。其间有不少同龄的男孩子追求我，可我就是对他们没兴趣，他们看上去是那么幼稚、莽撞和无知，没有一点让人想依恋的感觉。

沙原是我爸爸的一个生意上的合作伙伴，主要做IT产品。我家要更换电脑，爸爸就请他帮忙选购和安装，而我那段时间正好住在爸爸家，一来二去我和他就熟了。他年龄和石印相仿，中等身材，胖胖的，皮肤很白，显得比实际年龄小很多。

我喜欢看卡通片，没想到他也喜欢，每次他忙完了手上的活就凑过来和我一起看，一起笑。一个年近中年的男人居然也有这样的爱好和童心，真让我意外，也让我感觉新鲜，和这样一个男人在一起，是不是会有很多很多惊喜呢？

我和沙原的相处非常自然，他长得胖，活像卡通片里的龙猫，于是我从不叫他原名，一直称呼他为“龙猫先生”。沙原脾气温和，人又风趣、爱玩，没事总是开车带我出去兜风，或者陪我参加徒步活动。他那么胖，徒步对他来说就不是件轻松的事了，他不仅走得比我慢，还常常累得满头大汗、气喘吁吁。可他从不抱怨，总是乐呵呵地笑，看着让人感觉特别温暖。就这样，我们很自然地牵手、拥抱，成为一对亲密恋人。可同时我也知道，他有家室，还有一个不满周岁的孩子。

这一次，我开始介意他已婚，因为我怕他像石印一样，给不了我婚姻，还从我这里掠走钱财。因此，我经常问他是否愿意和我结婚，他回答得很干脆：愿意。可是当我问到什么时候能离婚时，他却要犹豫再三，说暂时没法离。这样的问答次数多了，我又开始变得焦躁起来：对他付出的爱一点点增多，收获的希望却不见增加，这怎能让我平静？

那年冬天的一个下午，我和沙原散步到江边，冷不丁地，我又想起来这个问题，便再次问他什么时候能离婚，他还是一成不变的答案："再给我一点时间。""一定会离，但现在不行。"那什么时候行呢？我决心要问出个结果来，他则干脆低下头，不予回答。我顿时觉得绝望透顶，脑子里闪现一个念头：跳到江里，一了百了！就在那电光火石间，我的脚已经按照大脑的指令奔向江里。

沙原根本没有料到我会跳江。我跳下去了十几秒，他才反应过来，一边大喊着"叶苗你干什么"，一边也跳进江里，奋力将我救上了岸。他把我抱进车里，紧紧地拥着我，泪流满面地说："你怎么这么傻？我说了离婚就一定会离的，你要相信我啊！"我什么都不说，心情忽然变得平静下来。

也许，沙原没想到自己结婚后还会有这么年轻漂亮的女孩子因为爱他，连死都不怕。他说："就为了你这份情意，哪怕要我的命，我也在所不惜，何况只是离婚呢？你等着，我一定会离的！"

可惜，这份关于离婚的承诺依然很长时间没有能兑现的迹象，而我，除了等待，别无他法。就在这期间，出了两次意外。

我一方面很开放，另一方面很多东西都不懂，这可能是因为没有妈妈在身边的缘故。由于我不懂得保护自己，我很快就怀孕了，要不是沙原提醒，我根本就没想到。孩子来得太突然，我没有准备，也无法接纳，只有求助于我的好朋友。好朋友狠狠地训了我一顿后，才带我去医院做了手术。不料，三个月后，我再次怀孕。当我又给好友打电话时，她气得一句话不说就挂了，然后打给沙原，把他臭骂了一顿。这一次，沙原陪我去了医院。我在家休息期间，他每天熬汤给我喝，我觉得我是因祸得福，能这么安心地享受自己的爱人精心照顾自己，吃点苦又算什么呢？

黯然分手，我的车被他收做纪念物

由于一连几天都在我家照顾我，沙原回自己家的次数很少，他老婆不停地给他打电话。可能他在电话里承认了是在照顾我，惹他老婆生气了，他老婆竟然把他叫回去谈判。我认为，这是他和他老婆提离婚的最佳时机，心里盼望着沙原就此成功。谁知，他却灰溜溜地回来了，并带回了他老婆的命令：让我过去和她面谈。

我这人谁都不怕，从来不知道胆怯是什么感觉，自然也不畏惧他老婆，倒是沙原有点担心，怕我去了把事情闹大，反而不好解决。我可顾不了那么多，执意要去。

那真是一场屈辱的谈判。沙原的老婆和一帮亲戚朋友站在小区门口气势汹汹地迎接我，而我却显得那么孤单，连唯一的同伴沙原都不敢和我站近了，犹犹豫豫地挪到了我和对方中间的位置。他老婆冷笑着看了一眼沙原就挑衅地盯着我，张口就骂，那些话很难听，总之我很愤怒，回骂了她。这下可给了她和那帮人机会，他们冲上来就要打我，我哪里是他们的对手，身上结结实实挨了几下，疼痛不已。我打不过他们，便捡起地上一块玻璃碎片，朝着自己手腕割了下去……

在沙原和小区保安的劝解下，他老婆和那帮亲戚总算回去了，剩下我一个人坐在地上，成为被人围观的笑柄。沙原心疼地抓起我的手要给我包扎伤口，幸好我戴着好友送我的那只玉手镯，它阻挡了玻璃的力量，所以伤口并不深。可是沙原吓坏了，竟哭起来，还给我的好友打电话。我一滴眼泪也没有，越想越恨，正好身边有一块砖，我抓起来就往沙原家冲去，我要砸开他家的门，好好教训一下那个猖狂的女人，她凭什么打我，凭什么羞辱我？沙原赶紧追上来抱住我，正好这时我的好友也赶来了，他们一起将我拉回来。在好友的劝说下，我终于平静地回家去了，而沙原则回他自己的家。

沙原有很长一段时间没和我见面，因为自从这件事后，他下定决心要离婚。两个月后，沙原憔悴地出现在我面前，手里拿着一本离婚证。我很感动，爱我的男人终于为我做了一件有实质性的事情。沙原沮丧地告诉我，他为了尽快离婚，什么东西都没要，房子、车子、存款统统给了前妻。这些东西对我来说毫无意义，只要他人和我在一起，其他的我都不在乎。就这样，我和沙原幸福地住到了一起。

我这个人并不看重钱，房租钱、买车钱以及一应生活开销全部由我承担我都乐意，我唯一的要求就是，沙原必须专一，必须在我需要他的任何时候准时出现。可那时沙原很想重振旗鼓，将自己的事业再做起来，所以经常在外面跑。于是，矛盾产生了。我需要他的时候他不能出现，他需要休息的时候我则要他陪我逛街，争吵越来越多。而我动辄以死相逼，这让他似乎越来越无法忍受，常常发怒，然后玩起了失踪。

一年后，我发现他又和前妻频繁来往了，我在家摔东西，和他打架无数次。终于，我们都累了，感觉心仿佛已被掏空，无力再支撑这段感情。分手是我提出的，他很爽快地答应了，还向我借我买的车，我也爽快地答应了。可是，直到现在，这辆车他也没还给我。好友为这事几乎见我一次骂一次，可我真的无所谓，拿走就拿走吧，何必计较。

如今，我早已辞职，在爸爸的指导下自己开了个小公司，幸运的是，公司一直都盈利。朋友们都笑话我，说我智商高，情商低，这辈子就好好赚钱算了，男朋友的事由他们来安排。我倒是听从他们的意见，不再接受已婚男人。这不，你刚才看见的那个，就是个未婚的，没有工作，也很穷，但他对我好，什么都依着我，我觉得这就够了，生活嘛，本来就应该简单点。

调整方向，就能找到通向快乐的路

叶苗对于现在这个男友的描述，轻描淡写，没有兴奋，没有爱意，仿佛只是在说一个普通的朋友。可是，我觉得有必要提醒她：小心他也是冲着她或者她父亲的钱。尽管这个想法有点不善良，但对叶苗这样一个“爱商”不高的女孩来说，学着多留一点点心眼绝对没错。

教育家们现在都认同一个观点：父亲对孩子的一生有着非常重要的影响，比如婚姻、价值观等方面。尤其是女孩的父亲，如能给孩子适当的亲密接触和正确指导，女孩在选择男友时就会正常、理智得多。可是叶苗的父亲虽然也爱她，给她提供了良好的物质生活条件，但在需要他管教、开导叶苗时，我却始终听不到叶苗提到自己的父亲。尽管现在叶苗已经成人，且有很强的生存能力，但作为她最亲的人，叶苗的父亲不要任何事都松散，该提醒时给提个醒，该阻止时也一定阻止，这才是帮助女儿得到幸福的正确做法。

“我的故事有点特殊，因为主角不是我。可是，这个故事又必须由我来结束，而我还没有找到很好的画上句号的方法。两年了，我像一个身不由已的演员，扮演着我并不愿意扮演的角色，每天分裂着自己。我实在撑不下去了，感觉随时都有可能崩溃……”漫雪究竟要讲出一个怎样的故事?

身去情犹在，爱的谎言如何结束

主人公：漫雪 / 女 / 24岁 / 教师

少年时，我暗恋的他

昨天，蓝菲又给我发了好多短信，说考研已经结束，想趁着春节和我见面。“我们已经两年没有见面了，我日日夜夜都思念着你。考试时，我感觉自己考得不好，差点想放弃，可脑子里立刻出现了你，你皱着眉头，一副要批评我的样子，我只好坚持下去了。”蓝菲在手机短信中这样说道。看着她的短信，我很是为难，怎么办呢？这事已经不能再拖下去了。

周益走到我身边，拿过手机看了会儿，语带戏谑地说：“你的小情人马上要和你见面了，准备怎么款待她啊？”“讨厌！明知道我在发愁呢，你还在这儿说风凉话！”我有点恼怒地夺过手机，然后颓然地望着手机屏。周益挨着我坐下，用手轻轻拍着我的肩说：“找个借口推托一下，过完春节就告诉她吧。”我默默地点点头，除了这样，我已经想不出更好的办法了。

其实这两年里，这个决心我已经下了N次，可终究敌不过这样那样的原因而没有去实行。蓝菲是个痴心的女孩，她对爱情的忠贞和执着令我感动，却也头疼，我必须做到把对她的伤害降到最低，这是我的任务，也是我对吴竞的承诺，否则，我这一生都无法得到内心的平静。

吴竞是我的好哥们，我俩从初中开始就是同班同学。他第一次出现在我眼前的样子，像一张经典的摄影作品般存在我的脑子里——他穿着一件旧的却洗得格外干净的白色短袖T恤站在教室门口，阳光照射在他背后，仿佛晕出了一层光环，有一种令人眩晕的意境。当时已经着迷于爱情故事的我瞬间被这个阳光下的少年俘虏。

后来，我和吴竞成了好朋友，因为我总是会找各种理由主动接近这个斯文、清秀的男生，甚至到了身不由己的地步。可我从不表露我对他的喜欢，尽管我大大咧咧，尽管我像个男生一样豪爽，其实那只不过是我为了接近他的伪装。我是女孩，我也有女孩的矜持。而吴竞真的就拿我当好哥们看待了，他有什么心事都会跟我说，而我也能从他的眼神中读出他对我只有友情。

为此，我也曾经很多很多次黯然神伤过，最后，我安慰自己：只要能和他无拘无束地相处，即使永远只能做朋友又有什么关系呢？而如果是恋人，一旦分手，可能从此就成了陌路，那不是我想要的。于是，我将对吴竞的感情悄悄地、深深地埋在了心底……

吴竞是个家境不好但自身非常优秀的人，不仅外形俊逸，而且学习成绩很好，因此，喜欢他的女生很多。我作为他的哥们，自然享有分享他秘密的权利。女孩们给他传的条子他会给我看，女孩们或明示或暗示的话语他也会讲给我听。他倒不是要我给他出主意，因为他特别有主见；告诉我，无非是希望我帮他抵挡。他说他最怕看到女生难过、哭的样子，所以不愿当面拒绝别人。我也不想别的女生夺走我暗恋的男孩，自然十分乐意接受这种任务。记得有一次，一个女生在吴竞很久不回复她的条子后，又传了一个条子，说一定要和他单独谈谈。无奈，吴竞只好请我装他的女朋友。那天放学后，离那个女生等他的地点还有一段距离时，吴竞就牵起了我的手。那一刻，我的心狂跳不止，手心开始出汗。吴竞还奇怪地问我手上怎么出了这么多汗，我强作镇定地说我一向如此，不愿牵就别牵，还这么挑剔；吴竞笑起来，手握得更紧了。那几百米的路程可算是我这辈子最幸福的一段路了。

我真要感谢那个女生，她让我终于有机会做了一次吴竞的“女朋友”，尽管短暂到以分秒计算，却让我心中溢满幸福。从那以后，给吴竞递条子的女生就很少了，别人都以为他在和我谈恋爱。

未料及，网上有情敌

吴竞为了让我和他一起进步，常常在学习上帮助我，当然，我也愿意和他一直做同学。就这样，2004年，我们考入了同一所重点高中。

上高一没多久，吴竞就向我吐露了一个秘密：他网恋了。没有料到，我挡住了现实中的爱情进攻，却忽略了网络中的对手。

我原木以为吴竞的网恋不会持续多久，毕竟在虚拟的环境中，一段感情要存活下来是极其困难的。虽然吴竞并不经常在我面前提起他的感情，但从他和我在一起的时间越来越少上我已经发现，他们的爱情不仅存活了下来，而且还有准备开花结果的趋势。

我问吴竞："你这么理智的男生，怎么会陷入网恋这种虚无缥缈的事情中去呢？"他说，他能感受到那个女孩的真心与坦诚。那女孩就是蓝菲。吴竞说，蓝菲是个苦命的姑娘，上初中时爸爸得了癌症，为了给爸爸治病，家里借了近50万元的债，却还是没能留住爸爸。吴竞正是在蓝菲的爸爸去世没多久后和蓝菲在网上认识的。他得知她的事情后感觉特别心痛，总是小心翼翼地安慰她，陪她聊天，伴着她度过了那段最伤心的时光。

蓝菲是浙江人，吴竞还趁着寒假专程赶到杭州和蓝菲见面。回来后他简单地和我讲述了他们见面的经过，尽管他的叙述很平淡，但我能感觉到，他是真的爱上了那个姑娘。肯定了这个结论后，我难过了很长时间，却又不得不装作很为他高兴的样子，这种感觉像嚼话梅——表面甜，心里却酸。

自从吴竞和蓝菲恋爱后，我常常悔得想扇自己耳光，恨自己为什么这么多年都不敢向他表白。"即使被拒绝了又怎样？至少他知道我也爱他，至少我不用看着他和别人恋爱，自己却还得给他出主意。"我对自己这样说，但也只能说说而已，一切都来不及了。站在他身边默默地祝福他，是我唯一能做的事。

高中三年过去了，我依旧默默地爱着吴竞，吴竞依旧和蓝菲甜蜜地爱着。我不断试图说服自己要放下对吴竞的感情，却始终没有做到。幸好，如此纠结的状态没有影响我的学业，我和吴竞报了武汉的同一所高校，也幸运地同时被录取。我常常阿Q地想：其实我比蓝菲幸运，因为我和吴竞在一起的时间远远超过她。

蓝菲比我们低一届，所以当我们踏入大学校园时，她仍旧在为高考奋斗。

但这似乎也没有影响他们的感情。吴竞骄傲地说，假如两人只要有一天没有联系，蓝菲就会不在状态，无心学习。我对此话表示鄙视，吴竞这才想起要关心我。“小雪，你怎么还不谈恋爱？要不要把我寝室的兄弟介绍一个给你？”

“追我的人多了去了，谁稀罕你们寝室那帮邋遢男生！”我嗤之以鼻地说。

“那我以后和蓝菲在一起，可就没时间陪你了哦！”吴竞终于道出了真话。

“原来你是担心这个啊！”我气鼓鼓地扭头就走，他笑嘻嘻地赶上来给我赔不是。看来，我是真的需要找个男朋友了，为这段埋在心底的感情画上句号。

大三那年，我在几个追求者中选择了周益。他是另外一所大学的学生，高我一届，在我大二时通过同学介绍和我认识，追了我一年。周益的家庭条件和自身条件都很好，为人也豪爽大方，对我很细心，是个值得信赖的人。

我和周益确定关系时，吴竞正忙着在外兼职打工挣钱，因为蓝菲家的债主逼着他们还债，以至于蓝菲妈妈疲劳加忧思过度，住进了医院。吴竞很是心疼，决定挣钱帮助蓝菲解决困难。所以，他那会儿很少有时间和我见面。我也曾找机会跟他说，如果真的急需钱，我可以尽点微薄之力，却被他拒绝了。他说：“我们是好朋友，但我自己的事就让我自己解决吧，不想连累你。”

然而，他终究没有自己认为的那么坚强。

他将去，临终有嘱托

2008年暑假，吴竞没有回家，而是继续在炎热的武汉打工。期间我给他打电话，虽然他说他很好，可我能明显感觉到他的疲惫。开学没多久，吴竞就病倒了，连续发了几天的高烧。起初他不肯说，还硬撑着打工，最后终于支撑不住，在回学校的路上晕倒了，幸好被几个同学碰到，送回了寝室。

当我看到吴竞苍白消瘦的脸，心疼得泪流不止。他却拒绝去医院，说这么点小病，躺两天就好了。可惜，躺了两天，他的病仍未见好转，最终在我的逼迫下他才去了医院。检查的结果吓坏了所有人——是白血病！医生说非常严重，必须马上通知家属。

怎么可能呢？他才21岁，如此阳光般的年纪，怎么会和绝症扯上关系？我瘫坐在椅子上，不知道下一步该如何做。倒是吴竞很冷静，要我帮忙先联系他的家人。

吴竞的父母都是下岗工人，靠做点小生意维持生计，如此脆弱的经济基础哪能承受重病的压力？看着他爸爸忧愁的脸和他妈妈擦也擦不完的泪，我这才知道什么叫无助、无奈。

我向家里预支了几千元钱的生活费给吴竞治病。可这毕竟杯水车薪，于是我号召同学给他捐款。在我和同学们的努力下，学校批准了为吴竞举办三天的爱心捐赠活动，虽然最后一共募集了几万元，但对于巨额的医药费，仍然微不足道。我愁得几乎夜夜失眠却感觉自己是那么无力，只能强装笑脸陪伴吴竞，安慰他。吴竞也始终对我们展露笑脸，我知道，他的笑和我一样，是装的，他也怕我们伤心难过。

治疗了近一年，吴竞的病情没有好转的迹象。2009年春节，我去医院探望吴竞，看着虚弱的他，我心里有说不出的痛。“过年期间本来不该说些不吉利的话，可我知道我的时间不多了，所以想要拜托你一件事。”吴竞说。“你还年轻，一定能治好的。你有什么事只管说，我能做到的一定帮你办。”我回答，语气尽力保持平静。

“我刚知道自己得了这个病以后，就和蓝菲提了分手，可是她不同意。”

吴竞终于还是提到了蓝菲，我还曾奇怪为什么他生病了，蓝菲却没来看他。原来，吴竞提出分手后，蓝菲死活不同意，哭得晕厥过去，接着就不再和吴竞联系。几天后，蓝菲的姐姐突然给吴竞打电话，质问他到底做了什么，蓝菲都割腕自杀了，幸好发现及时才没出大事。吴竞没有想到蓝菲会如此，心疼之余也担心蓝菲因此再走极端。

经过了这个波折，两人最终没有分手，可吴竞始终不敢告诉蓝菲实情。“蓝菲很单纯，也挺一根筋，假如她知道我的病，肯定连学都不会上了，这可就耽误了她的一生。她今年就要专升本、考六级了，我想我是活不到那个时候了，所以我的不情之请就是……”吴竞停顿了一下，很为难地看着我说，“希望你代替我和她联系，直到她考完再告诉她实情。你是我最信任的朋友，除了你，我不知道这事还能托付给谁。”

让我做蓝菲的“男朋友”？！听到吴竞这话的一瞬间，我的反应就是两个字：荒唐。蓝菲的出现已经让我难过了那么久，吴竞生病的日子里也都是我在尽心尽力地帮助他，凭什么还要我去安抚这个情敌？又有谁能来安抚我受伤的心？可是，看着吴竞乞求的眼神，我又怎么忍心拒绝？

2009年3月11日，吴竞走完了他尚未满22年的短暂人生路。看着他安详地躺在洁白的病床上，我的心忽然就平静了，无论早晚，人都会走到这一天的，用笑容送走他，完成他未了的心愿，也许才是对他最好的告慰。

情难断，我心已疲惫

对于吴竞的临终嘱托，周益是知道的，他不能反对。只是，他希望能尽早完成这个艰巨的任务。谁知，这个本来预计半年内就能结束的任务，硬是拖到两年后的现在。

吴竞把他的QQ密码告诉了我，手机号也给了我，并把他们以前的聊天记录给我看过，所以我就模仿吴竞的语气和蓝菲网聊、发短信。说实话，这项工作对我来说真的很艰巨，倒不是因为每天要做，而是让我和一个同性，甚至可以算得上是情敌的人谈情说爱、打情骂俏，这中间的心理障碍，难以言喻。可蓝菲并不知情，她会每天很真诚地发来很多情侣之间才会有的火热话语，有时候看得我都觉得脸红。无奈之下，我只好拼命将话题引向诸如学习、和同学之间的关系等方面。有时实在搪塞不过去，就只好把我和周益之间的短信改编一下发给她。

几个月后，蓝菲的专升本和六级都考过了，我觉得是时候分手了。蓝菲自然又是伤心欲绝、肝肠寸断，我觉得虽然这样很残忍，但这一步总是要走的，晚一点不如早一点。

就在分手的事情快有眉目时，蓝菲的QQ签名改变了我的决定。“我的命怎么那么苦，最爱我的人为什么全都无情地抛弃了我？爸爸没了，我深爱的男人也离我而去，唯一疼我的妈妈又身患癌症，我觉得我活在这世上是多余的。”一问才知，她妈妈被诊断得了乳腺癌，而且可能活不过一年。这种时候强行“抛弃”这个可怜的女孩，我于心不忍。于是，分手计划泡汤，我们又重归于好。

幸好，蓝菲有个非常能干的姐姐。她说她姐姐在父亲去世后就出去和别人一起创业，如今不仅与人合伙开了两所学校，还自己单独开了两家餐馆。她们母女三人的生活不再困顿，因此，她妈妈的治疗情况好了很多。后来蓝菲告诉我，医生说她妈妈的情况有好转，再活五六年绝对没问题。欣慰之余，我又开始琢磨着分手了。

有一天，因为学校有事加班，我整晚都关机。第二天早上一开机，竟发现蓝菲发来了一百多条短信，从起初的询问到最后的失望、愤怒，我吓得赶紧给她回信解释。她立即打来电话，我哪敢接，赶紧挂掉。十几个回合后，她终于不再打电话了，我才松了口气。大概过了一个小时，我的电话再次响起，是个陌生号码，我没有多想便接了。刚“喂”了一声，那边就传来蓝菲的哭声，说我背叛她，有了新欢。我没有说话，挂了电话，心想，误会也好，就这么分手吧。

只是事情没有想的那么简单，蓝菲已经认定吴竞是她情感的最终归宿，哪里会轻易放弃。她不肯上课，不停地给我发短信诉说她对我的爱，没有我之后她的痛和绝望。我觉得好累，不想再看了。周益接过去看，看完后摇摇头说：“再这样下去，我怕你的取向都会出问题了。”我斜睨了他一眼，说：“我担心的是她会自杀！”于是，这一次分手又没有成功。

单纯的蓝菲从那以后开始对我有所怀疑了，但也许是她太害怕失去吴竞，并没有过多纠缠，只是寻找机会要求来见我。很快，机会来了。那是今年夏天，我得了阑尾炎，住院做了手术。蓝菲得知后坚持要来看我，说她用奖学金买了一台笔记本电脑要送给我。无论我怎样推辞她都不肯改变主意。无奈之下，我只好提前出院，住到亲戚家，我怕她会一家家医院地找来。不出我所料，蓝菲真的来我们这边的医院找了，当然没有找到。想到她顶着烈日在偌大个陌生城市奔波，我就觉得挺对不住吴竞，可我又能怎么办呢？

就这样，又拖延了半年，现在眼看要过春节了，我实在撑不下去了，一天都不想再骗下去。我还有我的工作，我的生活，可在这件事没有画上句号前，我无法过上正常的生活，这种精神压力没人可以理解。明天我又要去给蓝菲买节日礼物了。这两年，但凡各种节日和她的生日，我都会给她买礼物寄去，周益对此表示嫉妒，说我对他都没这样好过。

蓝菲读的是医学院，将来一定会有个不错的工作，加上她姐姐的支持，她的物质生活也不会发愁。我想，吴竞可以安心了，我也真该为这场悲情戏拉下大幕了。只是，我不知道究竟该用何种方式，才能将蓝菲的痛苦降到最低。

走过“无言”的雨季：

宁心痛，莫心死

漫雪是个非常善良的女孩，尽管她在践行对亡友的承诺中有过抱怨，有过厌倦，但她一直小心翼翼地替他呵护着那个视爱情为生命的女孩。对于同样喜欢着吴竞的她来说，做到这点真的很不容易。所以，漫雪现在的焦躁与烦恼是完全可以理解的，她也要有属于自己的生活。

漫雪说，她想假扮吴竞的新女友和蓝菲联系，以此绝了蓝菲对吴竞的感情。“这样一来，蓝菲只会痛苦一段时间，过几年就会淡忘。可一旦她知道吴竞已经不在人世，我想，他会成为她心里永远的痛。”漫雪这样解释。可是我以为，这样做的副作用远远大于她的预期，蓝菲可能从此对爱情失望。心死胜过心痛。与其如此，不如告诉蓝菲真相，至少她还相信，这世间有一种感情很真很纯，那就是爱情。

“我记得曾在书上看到过一句话：‘我们不断在爱情的路上走走停停，爱过别人，也被爱过，到最后只是学会了爱自己。’我很喜欢这句话，因为我经历了爱情带给我的幸福与痛苦后，发现爱自己才是最可靠的。”林牧年纪不大，说出话来却仿佛经历过沧海桑田。听过她的故事后，我理解了她的感悟。

没有妈妈的孩子，在爱情中寻不回完整的爱

主人公：林牧 / 女 / 21岁 / 学生

垃圾堆里捡回的孩子

我和洛闻分手已经有几个月了，可我心里依然隐隐作痛。五一节过完回校后，我忍不住蹲在宿舍走廊里放声哭了半夜，第二天眼睛肿得差点睁不开。同学们都以为是闹鬼，吓得躲在房间里不敢出来，后来得知是我在哭，大家才纷纷安慰我。我很感谢他们的关心，可这样的安慰抹不去我心里的痛。

我有时候想，也许我是个不该来到这世界的人，勉强来了，便只有尝各种苦果的资格。我还没出生时，爸妈关系就不好，我的出生也没有缓解他们之

间的紧张气氛。大概是我两个月的时候，爸爸和妈妈发生了一次激烈的争吵，妈妈一气之下，抱起尚在襁褓中的我就出去了。路过一个垃圾堆时，愤怒到失去理智的妈妈把我扔了进去……我在那个又臭又脏的垃圾堆里哭了一夜，幸亏当时不是冬天，也幸亏我奶奶的熟人路过，把我送回了家。奶奶看着我哭肿的脸，心疼极了，决定由她亲自抚养我。当然，这些没有在我记忆中留下任何印记的往事都是我爸爸告诉我的，他的目的是想让我知道，虽然我有个狠心的妈妈，但他和奶奶会补偿我失去的这一份爱。

爸爸工作很忙，他确实很爱我，却没有时间陪我；而奶奶年纪大，照顾我时总有点心有余而力不足。于是，奶奶便四处张罗着给爸爸物色一个妻子，也就是给我找个后妈。

我对亲妈没有感情，她给我的印象也不好，所以我一点也不排斥有个后妈。可惜的是，奶奶看走了眼，这个后妈还不如没有。

我两岁时，有一天，奶奶出去办事，让后妈好好看着我，后妈满口答应。结果奶奶一走，她就关上房门睡觉去了。我独自跑到马路上，差点被车撞，若不是司机刹车及时，后果不堪设想。还有一次，也是奶奶出去了，爸爸也不在家，我发起了高烧，后妈却跑出去逛街。我醒来时，发现自己躺在邻居家……

上学后的我经常被老师夸赞聪明，成绩也不错，可有个我不喜欢的男生老是纠缠我，老师发现这件事后告诉了我爸爸。爸爸狠狠地责罚了我，我一气之下不肯再上学了。当时我读高二。

没有上学，爸爸便禁止我外出。我过了半年近乎被软禁的生活，起初我反抗、失眠，后来还离家出走过，爸爸花了好多钱在一两天内就把我找回来了。我明白，这样抗争是没有什么作用的，便上网打发时间。也就是在此时，我和我的初中同学开始了网恋。

这一段恋情最终带给我的是痛苦，但它最初还是给了我很多慰藉和美好。他叫岳山，初中毕业后就去了宁波打工，我和他每天在网上聊，只要我有什么不开心的事就向他倾诉，每次他开解我之后，我的心情总是能够雨过天晴。

永远忘不了的痛

2009年，我在爸爸给后妈开的餐馆里帮忙。由于后妈人缘差，很少有厨师能在餐馆里连续做满三个月的，服务员就更别提了。起初我只是帮着送菜，后来切菜的小工走了，洗菜的也走了，我都一一顶上，每天忙得像陀螺一样，另外两个服务员甚至经常累得掉眼泪。后妈倒好，觉得这样能省工钱，竟乐得维持现状。更可气的是，我这样干了半年，她竟然只给了我3000元的工资，还振振有词，说这是零花钱，自家人还要什么工资。

为此，我和后妈大吵了一架，一气之下投奔了岳山。虽然这次出走带有负气的成分，却也是我早就存有的打算。我是偷偷出走的，只带了那3000元钱，岳山打工的收入也不高，我去了后，本来与人合租的他为了方便我，拿出所有积蓄单独租了间房子。日子虽然很紧巴，但我却有种呼吸到自由空气的愉悦与畅快。

我从小家境优越，所以花钱没谱，身上带的钱很快就见了底，经济状况立即变得十分窘迫。岳山渐渐对我的大手大脚有微词。有一次，我拿着仅有的100元钱去买菜，结果买回了一大堆我认为便宜又美味的食物，却遭到了岳山劈头盖脸的训斥，说我太不会生活，这些钱也许还能撑几天，现在只能吃完这餐不知下餐在哪里了。为此，我和他发生了激烈的争吵，事后，他向我道了歉。

然而，和好后的我们依然要为柴米油盐发愁，各种原因的争吵便越来越频繁，我们都觉得很累。一个月后，为了省钱，我们退掉了单独租的房间，搬到了和岳山的同事合租的房子里。同时，我们还和他同事一起搭伙，由我买菜做饭，这样也能节约不少钱。

岳山工作了一天，回到家就能吃上可口的饭菜，他心情好很多，经常抱着我夸我变能干了。这样温馨有爱的日子让我感觉特别幸福。只是，这小幸福在一个小生命到来时便戛然而止。

查出怀孕，是2010年5月13日，岳山为难、无措的样子深深地印在我的脑海里。他说他很喜欢孩子，可是我们都刚刚能温饱，实在养不起孩子，只能放弃。我很坚定地点点头，三天后去了一家小诊所，体验了我一辈子都忘不了的撕心裂肺的痛……岳山看着我痛，也心疼得泪流满面，一再发誓会好好照顾我，绝不再让我承受这样的痛苦。

可是，窘迫的现实让他没法好好照顾我，他必须上班挣钱，可是挣的钱却不够买营养品的。我做完手术一周后就开始持续发低烧，岳山焦急地找别人借钱给我看病。看着他疲惫的样子，我不忍心再拖累他了，便给爸爸打了电话。爸爸一听到我的声音，当即就哽咽了。

第二天，爸爸就赶到宁波把我接回了家。后来听奶奶说，几个月找不到我，爸爸急得都吐了血，人也苍老了很多。我很心疼，也很内疚，从此断了和岳山的联系，至今都没有再见过他。

这一次，爸爸对我温柔了很多，以前由于我很调皮，他总是对我很凶，现在他说，我已经长大了，他必须尊重我了。爸爸改变了，而我自己也有变化，以前的我，有什么话就说，也不管别人能不能接受，外出独立生活了几个月后，我忽然长大了，学会了站在别人的角度考虑问题。

身世更苦的他

回家后，我仍然低烧，又不敢对家人说，自己偷偷打了一个月的吊针才好。病一好，我就又去后妈的餐馆帮忙。这时的我暗暗决定和后妈好好相处。

后妈还是那个德性，我回去的那一个月里，厨师换了四五个，严重影响到餐馆的生意。后妈这才着急了，赶紧出去物色人选。很快，她就带回了一高一矮两个厨师。

矮个子厨师比我大十岁，我叫他老茂；另一个叫小辉，只比我大两岁，性格阳光，我们很谈得来。由于经常和小辉说说笑笑，好多人都以为我想和小辉谈恋爱，后妈甚至暗示我这样做，如此便可留住他替她做事了。其实，我和小辉只是兴趣相投的朋友，不可能成为情侣。倒是大家都不曾想到的老茂，引起了我的注意。

那是老茂到餐馆工作一星期后的一天晚上，我们忙完了坐在店里休息，老茂忽然看着我的脸说："你好像有什么心事吧？"听到这话，我愣住了，自从和岳山分手回到家后，我就一直极力掩饰内心的伤痛，装出一副快活的样子，谁都没有看出破绽，这个和我并非很熟悉的人怎么就能一眼看出来呢？

我和老茂互加为QQ好友，聊天中，他甚至说能看出我做过流产手术。这太让我震惊了，我问他是怎么看出来的，他只是淡淡地回一句："用眼睛呗。"他究竟还能看出什么？他到底有什么样的经历？我对老茂产生了浓厚的兴趣。

我没有想到老茂的身世比我更惨，他妈妈生下他就死了，后妈生了两个儿子，他爸爸便没心思管他了，他也是由奶奶带大的，他说："除了奶奶，这个世界上再没有人会关心我了。你比我幸运很多倍。"老茂说。十岁那年，老茂就被村里人带到北京打工。他被当过免费劳力，睡过大街，有上顿没下顿更是常事。

随着对老茂了解的深入，我对他的感情渐渐发生了变化，起初是同情，然后是感动，到最后，我发觉自己一天看不到他就难受。我这是爱上他了吗？

有一天夜里，我们在QQ上聊着，他说他有个愿望，就是去西藏。他喜欢寒冷的地方，对他来说，能在一个寒冷的地方走完人生最后的路是一件美好的事情。他是生活在一个怎样的没有温暖的世界，才会生出如此的想法。我看着他的话，哭了起来。

过了一会儿，一阵轻轻的敲门声响起，打开门一看，老茂光着脚站在我的门口（我们都住在我家的小楼里，他在楼下，我在楼上）。他说他知道我一定会哭，所以想过来抱抱我，不穿鞋是因为怕上楼时吵到其他人。

此后，我和老茂的关系发生了微妙的变化，虽然我们都清楚不会有结果，却无法扯断心里的那份牵绊。

就这样，我们一起度过了一段很快乐、美好的时光，除了掩饰着不让别人知道，其他的都很正常。好多次，老茂受不了后妈的苛责，私下跟我说干不下去了，但为了我，他最终还是选择了忍受。

2011年春天，老茂有一天忽然莫名其妙地问了我一堆问题，我觉得他不对劲，便追问究竟出了什么事。他这才吞吞吐吐地说，他的前女友要来了。虽然以他的年龄，就算有个老婆也是正常的，可我还是很惊讶，因为他从未和我提起过。他说："已经过去的事，我不想提起。我能看出你那么多秘密，也都是拜她所赐。"原来如此！老茂接着说，当年他和女友一起开了家小餐馆，生意不错，所有的活儿都是他一个人做，女友只负责管钱。结果后来因为修路，餐馆被迫关门，他挣的钱全部被女友拿走，最后女友的妈妈为了让他们分手，还骂他是穷鬼，癞蛤蟆想吃天鹅肉。说到这里时，我看到老茂的眼里有泪光在闪。

但老茂是个善良的人，前女友折腾一圈后，发现还是他好，便寻了来，他不忍心拒绝。几天后，老茂的前女友就出现在了我们的餐馆里。由于她答应免费帮餐馆做事，所以后妈乐得收留她。这下可苦了我，每天看到他前女友，我就觉得心里酸酸的。有一次，老茂躺在他前女友身上，让她帮忙掏耳朵。我气极了，趁着他前女友出去的当儿，拿过老茂手上的烟狠狠地戳到自己的手臂上，手臂瞬间烫起一个血泡。

后来，我和老茂因为他前女友的事经常吵架。无奈之下，老茂送走了前女友，但是对我的态度却有所改变，总是批评我不懂事。我感觉我们之间出现了裂痕。

被父爱阻断的爱情

就在我和老茂关系渐淡时，我碰到了生命中的第三个男人——洛闻。洛闻也是我同学，碰到他是因为他和同事到我家餐馆吃饭。互留了联系方式后，他便经常给我打电话。我们有几年共同的经历，所以话题特别多，聊起来也很轻松。和老茂不同，洛闻总是能让我开心，即使我正在哭，他也有本事把我逗得哈哈大笑。于是，我和他说话也没分寸，有时他会突然冒出一句“我好像爱上你了”，我就大笑着回一句“我也爱上我自己了”。我没有想过我们之间会发生什么。

2011年6月，洛闻带着一大群人来餐馆吃饭，为他老板庆祝生日。也许是酒喝多了，洛闻拉着我到外面说想抱抱我，我答应了，没想到却被老茂看见，我以为他会生气，谁知他很冷静地说：“那个人挺不错，你们很合适。”那时我心里还是爱着老茂的，他这话激怒了我，好吧，你说合适，那我就和他在一起！

正好第二天，洛闻又用开玩笑的语气说他喜欢我，我严肃地问他是不是认真的。他竟也收起笑容，一字一顿地说：“是的，我很认真。”既然如此，那么我也得坦诚，于是我把和岳山的那段经历告诉了他。洛闻一听就沉默了，之后几天都没有和我联系。

就在我对洛闻不抱希望时，他的电话又来了，他若无其事地和我聊天，仿佛什么都没发生。我急了，问他究竟是什么意思，他这才说，过去的已经过去，他虽然介意，但不会计较，他很爱我，不会因为这个就放弃。

洛闻对我很好，大热的天，他一下班就骑着自行车在餐馆外等我，我稍微有点不舒服，他就会买药督促我吃，与老茂尤其不同的是，洛闻会主动打电话关心我，即使再忙也会抽空打一个。

春节期间，我以外出旅游为名，和洛闻去了趟他家。只有老茂看出了我在撒谎，但他没有揭穿，反而祝我玩得开心。唉，这个男人，真不知他到底在想什么。

洛闻家比较穷，但很温馨，他的家人都喜欢我，对我热情又周到。而我家尽管比较富裕，却从未有过如此浓郁的亲情味。洛闻的家让我体会到了那种梦寐以求的温暖感觉。我对这样的家庭氛围产生了向往和迷恋，并将这样的迷恋转移到了洛闻身上。

然而好景不长，春节过完没多久，洛闻对我的态度发生了一些变化，电话少了很多，甚至有一个多星期都没打。我问他原因，他说出差，忙，没时间。这可不是他的风格。

在我的再三逼问下，洛闻才吞吞吐吐地说出了原因：本来他家人对我印象非常好，有一次他和姐姐聊天时不小心说出了我曾经怀孕的事情，这下仿佛捅了马蜂窝，全家人一起上阵劝他和我分手，他妈妈甚至气得心脏病发作。作为一个孝顺的儿子，他说他不得不选择顺从父母。

我的心情变得格外糟糕，后妈还时不时挑我的刺，终于有一次我发作了，歇斯底里地和她吵了一架，把我爸爸和奶奶都惊动了。考虑再三，爸爸决定让我去外地读书。就这样，兜转了一圈，我又回到了学习这条路。

今年五一节，表哥开车带我出去玩，恰巧路过洛闻家。我忍不住给他发了短信，他回说正在忙订婚宴，端菜端得手都酸了。“终于理解你当初端盘子的痛苦了。”他调侃道。我笑不起来，心里刀割般地痛。表哥看我情绪不对，仿佛猜出了什么，劝慰道：“那个男孩太穷，你爸爸和奶奶怕你和他在一起会受苦，才逼着他和你分手的，你也要体谅他们。”我懵了，爸爸和奶奶逼他和我分手？在我的追问下，表哥只好告诉我，我爸爸在奶奶的授意下找到洛闻，想给他钱让他别再纠缠我，被洛闻拒绝后，爸爸就威胁说会让他们一家过不上安宁日子。洛闻这才妥协了。“你和洛闻谈恋爱的事，好像还是那个厨师说的呢！”表哥补充道。

真相终于清楚了，但一切已经无法挽回。本来自从做了流产手术我的健康状况就变得很差了，加上这一连串的打击，我更加虚弱。躺在床上休息时，我想明白了，我将太多的精力投注在寻找慰藉上，将太多的爱投入到了别人身上，唯独对自己关注得太少，这样的结果是什么也没得到，空落得满心痛楚。

走过“忧伤”的雨季：

换个角度看，生活会不同

做了多年的情感记者，我有时会想，如果人能预知自己的命运就好了。即使没有办法改变自己命运的走向，也可以避免不要让另一个人来到这个世界延续自己的不幸。假如人真有这样的先知能力，至少林牧就可以不用来到这个世界，不用面对不完整的亲情和无法开花结果的爱情。

当然，我们都知道这只是假设和美好的愿望。那么，既然已经无法由自己的意愿控制着来到这个世界，何不换个角度去看待所谓的不公和磨难呢？是的，林牧没有享受到母爱，可她拥有完整的父爱和奶奶的爱；在小小年纪便经历了堕胎的身心之痛，可那也让她懂得了女人也要爱自己这个有些女人一辈子都悟不透的道理；经历了三次没有结果的恋爱，也让她尝到了爱情的滋味，明白了爱情除了甜，也有酸、苦。所以，不必抱怨什么，生活在这里剥夺了一些，便会在那里补偿，只要你始终保持着乐观、坚强。

陶菲是个外表温柔、漂亮的姑娘，眼神中却透着一丝倔强和高傲。她说，她现在很迷茫，来自父母、男友以及男友家人的压力让她有窒息的感觉。“我很想逃离他们，找个陌生的地方重新开始自己想要的生活。我有梦想，也努力追逐，可世界太现实了，不是努力就能成功，我只是不想放弃，这真的不可能吗？”陶菲似在诉说，又似在自语。

明星梦未圆，爱情前途两难抉择

主人公：陶菲 / 女 / 24岁 / 企业职员

腹黑的女同学

我是个在众人的赞美声中长大的女孩，因为我长相漂亮、能歌善舞。我从小就树立了一个理想：当明星。

我家在北京，但我却考到了郑州的艺校。当时父母希望我多读点书，以后有机会再考艺术院校。可我不依，明星吃的就是青春饭，如果我在读书上浪费了太多时间，再想当明星，机会就很小了。于是，小小年纪的我倔强地背上行囊，离开了家。

孤身一人在外地求学，我并不觉得孤单，因为梦想时时激励着我心无旁骛，努力学习。由于勤奋和专注，我的专业课表现在整个班级里比较突出，我也因此得罪了一个人。她是我的同班同学秦娜，无论专业课表现还是长相，我俩都不相上下，起初我只是把她作为一个值得我尊重的竞争对手，可后来我渐渐发现，她的想法和我截然相反。

记得有一次，我因为有点感冒，上课迟到了。那天不是班主任的课，按说只要没人说，班主任是不会知道的，可一下课，班主任就一脸严肃地把我喊到办公室，开口就是请家长，说我不遵守学校纪律，迟到，还戴个影响校容的大耳环。我当时就火了，迟到是我不对，但也不至于要把我爸妈从北京叫过来吧？戴耳环就更没道理了，在我们那样的学校，穿戴比我夸张无数倍的大有人在，他为什么偏偏批评我？

我爱理不理地回敬了班主任几句，他气得脸都白了。后来我回教室后，几个关系好的同学偷偷告诉我，是秦娜跑到班主任那里去告了我的状。

我找男友肖龙发牢骚，肖龙只是安慰我，并要我以后注意点，不要再给人留下把柄。这样的安慰在我听来一点不受用，我多希望他也陪着我一起狠狠地把班主任和秦娜骂一通。

肖龙是我同班同学，他是男生里面最为突出的一个，长得帅，专业课成绩也好。我和他恋爱完全是自然而然的，因为我们老是配对练习，次数一多，我们之间似乎就产生了一些化学反应。因此，肖龙说“我们干脆谈恋爱吧”，我毫不犹豫地点了头。

我和肖龙的恋爱没有公开，这是他的意见，他说虽然学校情侣很多，但毕竟学校有明文规定不能恋爱，所以我们还是低调些好。尽管这事老师不知道，但同学之间是瞒不过的，只是大家都很懂“规矩”，即男生不再来追求我，女生也不会找肖龙的麻烦，只有一个人例外，那就是秦娜。

秦娜经常找肖龙对戏，然后以表示感谢为由送礼物给肖龙，或者请他吃饭。我们上学的第一年，也就是2006年，秦娜居然在情人节那天对肖龙发出邀请，请他一起去看电影。肖龙当然拒绝了她，还把这事告诉了我。我第二天就把秦娜叫到操场上臭骂了一顿，她没有示弱，可毕竟理亏，泪眼婆娑地跑了。

我是个直性子的人，有什么矛盾就当面锣对面鼓地跟人吵，吵完就算翻篇儿了，这使我注定要吃腹黑小人的亏。

2007年4月，我伯父从北京来郑州办事，顺道来学校看望我。伯父是家大公司的高管，他来看我时，坐着一辆合作单位给他安排的大奔，还给我买了一大堆东西。一番嘘寒问暖之后，伯父受我父母之托还专门找我班主任聊了一会儿。就这么普通的一件事儿，居然被秦娜好好利用了一场。

秦娜背着我到处跟人说我被大款包养，还故意把大款带到学校来炫耀。也不知她施了什么法术，明明和我伯父谈过的班主任竟然和她口径一致，当着全班同学的面批评我有伤风化，这还不算完，他后来又在全校老师的大会上这样污蔑我。

到手的机会没了

秦娜散布谣言的事我知道，但我没理她；而班主任诋毁我的时候我就不知情了。那会儿我在外面上小品课，我回校后，有同学告诉了我，我气得跑到教师办公室和班主任大吵了一场，然后整个下午没有去上课。没想到，我的冲动之举正中了班主任和秦娜的下怀，班主任借着这个事情大做文章，还让学校开除我。整个事件中都没有肖龙的身影。是的，他就是这样的人，我希望他出头给我作证，他就劝我不要和老师作对，乖顺一点就能大事化小。所以那段时间我很生气，没有理会他。

男友靠不住，好在我有个正直的专业老师，李老师。她是个老太太，为人和善，专业水平很高，更关键的是，她一直很看好我。德高望重的她在校长面前说话是很有分量的，因此，在她的努力下，我躲过了被开除的厄运。不过，我也从此不能上班主任的课了，他不让我听，我也不愿意去。

对此，李老师干脆把我带到她家给我免费上课，这样的小灶可不是谁都能吃到的，我觉得自己真是因祸得福了。这时，肖龙主动来找我冰释前嫌，说他不会关心人，害得我受了那么大的委屈，以后一定改正。我是个心思简单的人，他既然都放低身段来道歉了，我也没必要纠结。我们又和好如初，而肖龙自然也得到了和我一起吃小灶的机会。

在李老师的帮助下，我的专业课进步很快，李老师为了给我更多锻炼机会，还把我推荐到省话剧团，让我和专业的话剧演员们一起排练话剧，当然，肖龙也少不了沾光。

当时，河南省一位教师为了救学生而牺牲，为了歌颂这位教师，中央电视台和八一电影制片厂决定来河南把这件感人事迹拍成教育纪录片。李老师和拍这部片子的导演很熟，她就把我、肖龙、我们班的学生会主席晓月和秦娜推荐给了导演。以秦娜的成绩，李老师推荐她也是有可能的，只是不知为什么，我看肖龙的神情似乎有点不自然。直到后来我才知道，秦娜能被李老师推荐，起关键作用的正是肖龙，如果不是肖龙的极力推荐，李老师也许就不会考虑她了。

导演选演员的方式比较随意，只是在我们一群人中间来回走了几次，最先停在了肖龙的面前，说了句：“形象不错，可以发展。”接着又走到我和晓月的面前说：“你们两个，回去准备准备台词吧！”而对秦娜，他连看都没有多看一眼，我有点幸灾乐祸地看着秦娜气得发白的脸。

眼看着一只脚就要踏进梦寐以求的影视圈，我兴奋无比，不料，秦娜这次使出了更恶毒的招数。一周后，我接到剧组通知，要交两张照片和一份简历。第二天上午，我在学校碰到秦娜，她急匆匆地说：“正找你呢，李老师要你去话剧团搬道具。”李老师派的活儿我可不敢马虎，当即就走了。

等我下午五点赶回学校，一走进教室，就看见大家正围着秦娜。秦娜看到我，得意地大声说：“导演已经面试过了，演员都确定好了。喏，这是你的照片和简历，他让我退给你！”我当时就懵了，怎么回事？什么时候说过要面试的？晓月把我拉到一边悄悄说：“今天下午就面试了，你一直没去，秦娜倒是去了，最后她被选上了。”这也太戏剧了吧？就是编剧只怕也编不出这么好的情节！

李老师得知此事，说她根本没要我去搬道具，而是要秦娜去的。但是戏已开拍，一切都没有挽回的机会。李老师还带我去找了导演，导演说：“秦娜不是说你不想耽误学习，所以退出了吗？我这才勉强让她上了。”我哭得很伤心，蛇蝎之心，怕也不过如此了吧。

最爱的人伤我最深

事后我疑惑了很久，交照片和简历的事除了我、肖龙和晓月，我们学校再不会有其他人知道，秦娜是怎么得到这个内幕消息的呢？在我被秦娜陷害之后，肖龙对我开始疏远起来，我找他哭诉，他也是爱理不理。晓月在拍戏期间给我打电话，说肖龙和秦娜在一起了，他俩在剧组显得格外亲热，别人问他们是不是在恋爱，他们居然承认了。“实话告诉你吧，那次给秦娜透露消息的就是肖龙，有一次秦娜和肖龙聊天时说起这个，被我听到了。这两个人简直是狼狈为奸，一起骗了你！”晓月义愤填膺地说。

好了，一切都明白了，拿刀杀我的就是那个我最信任的人，这让我痛苦，更让我觉得受到侮辱。我要讨说法，于是给肖龙打了电话，他没有一丝愧意，反而理直气壮地教训我：“就你这个样子，还想混娱乐圈？你知道以前班主任为什么事事针对你吗？因为你太幼稚，别人都知道送礼孝敬老师，你偏不送。我本来想提醒你，可你这个资质，提醒得了一次，提醒不了一辈子啊。在这个圈子里混，讲的是运气和悟性，懂吗？我所做的一切就是要让你明白这点。秦娜的悟性就比你高太多了，我帮助她是会得到回报的。”这就是那个曾经说爱我的人说出的刻薄的话！我不想再多说什么，挂断了电话。

毕业了，不知为何，我的毕业证迟迟没有发下来，这使我没法继续深造。在等待毕业证期间，我应聘到一家公司做客服，还兼职做平面模特，生活倒也能维持下去。可老天爷不肯让我安生，倒霉的事情一桩接一桩地找上了我。

2009年暑假，北京的几个朋友到郑州来玩，他们住在我的出租屋里，由于要陪他们，我就把一些拍照的活儿推了。他们几个都还是学生，没钱，所有的开销都由我承担。几天后，其中一个朋友过生日，我就陪着她和她男友出去旅游，结果在景区被黑心的小贩骗了不少钱，从景区回宾馆时坐上了黑车，又被讹诈了一笔钱。本来就沮丧的我回到宾馆没多久，手机也被偷了。接着坐车回市内的路上车又出了点问题，导致我上班迟到，被总监骂了一顿。心里本来就窝火的我一气之下辞了职。

谁知，第二天我就出现血尿，去医院检查，医生说是急性肾炎，要输液治疗。可我根本没有钱，后来我打电话给朋友，他们资助我买了药，我才算控制住了病情。我琢磨着，这劫数也该结束了吧，但老天爷还是不肯放过我。几天后我去澡堂洗澡，搓背的阿姨提醒我胸前似乎长了个肿块，要我赶紧去看看。我又一次被吓坏。

我已经身无分文，没法看病了。在家哭了一天，我只好给家里打电话，妈妈要我赶紧回北京。百般无奈的我，只好狼狈地回了家。

好在肿瘤是良性的，在北京做了手术，休息了一段时间后我就完全恢复了健康，我决定重新开始追逐我的梦想。我还是从平面模特做起。通过姐姐的朋友，我得到给一家并不大牌的杂志当模特的机会，尤其难得的是，给我拍照的是京城比较有名的时尚摄影师。他叫瑞克，和那家杂志的主编是哥们，否则以他的名气，是不会给这样的杂志拍照的。

错交龌龊男友

瑞克长相普通，精瘦，但干起活儿来的专注神态还是挺酷的。在他的指导下，我那次发挥得很好，拍照的效果比较理想。瑞克是个性格外向的人，很快就和我熟络了，他说他拍过很多大明星，相比起来，我无论外形还是气质，并不比那些人差。“你缺的就是机会。”瑞克这样说，我深表赞同，我们也因此聊得很开心。

没过多久，瑞克就向我表白了，他说他看到我的第一眼就被我吸引了，我的骄傲和单纯都是这个圈子里少有的，他希望我能帮他结束单身。“当然，以我的人脉，我也可以帮助你真正进入这个圈子。”他说。无疑，这个承诺对我有很大的吸引力。既然有人愿意帮助我，而我也挺需要他、喜欢他，那为什么不能两全呢？就这样，我和瑞克迅速成了一对情侣。

瑞克没有吹牛，他的确给很多大牌明星拍过照，也认识不少影视公司的老板；他也兑现了承诺，把我介绍进了一两个电视剧剧组，虽然都是演一些很小的角色，但这已经是一个不错的开端。

然而一年多后，我发现了瑞克的秘密。当时我给一家杂志当模特，摄影师在拍摄休息时间和助手聊天，在旁边隔间里换装的我听得很清楚，摄影师说，瑞克这家伙虽然技术不错，但似乎有点变态，没事干的时候就喜欢拍裸模。这些人说的拍裸模不仅仅只是拍，还会干出很多无法摆上台面的事情。我仅仅只是听，就觉得恶心了。

为了证实人家说的是真的，我趁瑞克不注意，偷看了他那台从不轻易让别人使用的电脑。不看不知道，这世界上真有这么变态的人！我当时就愤怒地找到瑞克，向他提出分手。瑞克起初有点惊讶，但很快就镇定了，他说：“你这个样子还怎么混娱乐圈？这么点小事都值得闹分手，你这心理素质实在不适合继续干下去了。”

瑞克再一次说到做到，此后，我竟真的再也接不到平面模特的活儿，更别提拍影视剧了。我既愤愤不平，又无可奈何。

在家里消沉了很长一段时间，姐姐实在看不下去，让我出去找点别的工作，不要老是沉浸在那些不切实际的幻想中。无奈，我只好四处投简历，可在北京找工作比郑州难多了，那些愿意要我的公司，不是让我做前台就是做礼仪小姐，我将来可是要做明星的，怎么可能干这样的活儿？后来总算在一家培训学校找到了工作，是做咨询老师，这只是说得好听，其实就是咨询员，跟前台没什么大区别。干了一段时间，我又腻味了，再次辞职，宅在了家里。

要安定还是要前途？

直到去年年初，爸爸的一个朋友把我介绍进了一家大公司。进公司没多久，我上司的上司罗源就向我发起了爱的进攻。他32岁，单身，长相一般，但能力强，在北京早已买了房和车，是个不错的恋爱、结婚对象。起初我有点犹豫，姐姐说，碰到这么好的男生千万别错过了，我年龄也不算很小了，谈一两年恋爱后结婚正合适。我自己觉得罗源确实各方面都很好，便答应了。

正式成为罗源的女友后，他就一心培养我，他说先帮助我在公司站稳脚跟，然后锻炼业务能力，争取五年内能在职位上有所提升。按说，以罗源的收入，养我完全不成问题，他为什么要这么做呢？他说他知道我的梦想是当明星，但他认为当明星不是什么好事，所以他想转移我的兴趣，开发我在另外一个领域的潜力。

本来我也打算就听罗源的，在公司好好干，不再去做明星梦了，可不久后我就接到了肖龙的电话，他和秦娜早已分手，秦娜利用完他之后，陆续又得到了一些拍片机会，为了更进一步，她果断甩掉肖龙，迅速傍上了一个制片人，以期获得更多的机会。肖龙一气之下就报考了上戏，现在已经是上戏的学生了。

肖龙找我的目的就是，他反思了之前对我的所作所为，觉得很愧疚，细细想来，还是觉得我单纯而且有天赋，希望我不要轻易放弃，好好准备，也来考上戏，和他再次一起向理想奔跑。肖龙的话无疑对我有极大的煽动性，我刚刚熄灭的那个念头瞬间被他点燃。而且在肖龙的点拨下我才知道，我没有拿到毕业证，只是因为我没有给班主任送钱。“你赶紧去给他送，现在还来得及。”肖龙说。

肖龙的电话使我在工作中不再认真，而是开始计划着什么时候去郑州花钱把我的毕业证拿回来，然后怎样准备考上戏或中戏。罗源很快发现了我的异常，几次谈话后我就向他吐露了真相。他很生气，没过几天，我爸妈和姐姐都来找我谈话，希望我放弃当明星的想法，踏踏实实工作、生活。可是，我想按照自己的想法生活怎么不对了？他们为了逼我放弃，还催着我赶紧和罗源结婚，我都快被他们逼疯了，逃跑也许是我唯一的选择。

让梦想照进现实

有人说，如果你一直不成功，不是你没能力，而是你不喜欢你所做的事。可我想说的是，就算喜欢你所做的事，没有能力，也是不能成功的。我并不是说陶菲没有往娱乐圈发展的潜质，只是在这个浮躁的年代，这个圈子的浮华与虚伪也是我们有目共睹的。要真正适应它，仅仅靠专业能力恐怕已经不够，还需要“运气和悟性”。这，正是陶菲所欠缺的。

究竟是安定下来还是继续追逐梦想，这不是问题的关键，关键是，陶菲的梦想似乎透着一丝虚浮——当明星。如果能沉下心来修炼内在，充实自我，就不再会急于求成，也不再会在这两者中艰难抉择，因为真正的艺术可以是一生的事业。

第二辑

男儿有情伤

为情所困、于情所伤的何止是红粉佳人？明明白白我的心，渴望一份真感情——任何时候痴情男儿的渴望和付出都毫不逊色。伤情王子们，掩埋伤口，重新上路吧！

“你一定要帮我找到她，如果还是找不到，我就要毁掉一切！”甄清辉说这话时的语气非常霸道，让我无形中有了一丝压力。究竟是个什么样的女子让他有摧毁一切的冲动？她为什么消失？说起往事，甄清辉的情绪平静了下来，跟我讲述了一段王子与灰姑娘的爱情……

落跑灰姑娘，没有你的日子无法延续

主人公：甄清辉 / 男 / 27岁 / 家族企业继承人

打抱不平，怒伤恶上司

相信你一定看过《流星花园》，我就和里面的道明寺差不多，是个含着金钥匙出生的人。我家有一个规模比较大的家族企业，而我是这个家族唯一的男孩，所以家人对我寄予了很高的期望。

23岁以前，我过着王子般的生活，衣食住行有两三个保姆照料，读书都是在贵族学校，还有专门的家教辅导。高中毕业后，父亲直接把我送到英国去读书。有强大的经济后盾，我的人生似乎注定顺遂。

从英国回来后，父亲就决定让我在我们家经营的酒店工作。为了让我尽快熟悉、了解酒店内部的真实情况，父亲事先和我约定，要我绝对不能暴露真实身份。为此，他专门让人事部进行了一次招聘，以便于我借这个机会“应聘”进来。按照父亲“从基层做起”的指示，我顺利地“应聘”上了销售部业务员的岗位。

除了酒店的总经理，没人知道我是“空降兵”，因此我的待遇和其他新人毫无差别，我还常常受到“前辈”们的训斥和嘲笑。这些“前辈”中有一个人最可恶，他叫柴升，是销售部的主管，长的是一副贼眉鼠眼的样子，见到上司一脸媚笑，对其他员工则一脸傲气。

记得我刚上班的第一天，柴升就指使我给他复印资料、送材料，甚至要我给他买早餐。要知道，我从小到大都是被人伺候的，什么时候干过这种跑腿、伺候人的事啊！可父亲的意思我不能违背，我只好咬牙忍着。

如果柴升只是个欺软怕硬的小人我也就算了，渐渐地，我发现他的行为极不检点。有一次，我下楼没有坐电梯，直接走楼梯，当我走到三楼时，忽然听到有轻轻的抽泣声，仔细一看，发现拐角处有个女孩正在哭。我犹豫了一下，上前问道：“你怎么了？”女孩一惊，满脸泪水地回过头，我这才看清，她是商务中心的小涅，以前打过几次交道。她认出我时，眼里闪过一丝慌乱，但泪水依旧没有停止。女孩子的事我也不好多问，安慰了两句，正准备走，小涅忽然拉住我，哽咽着说：“你们那个柴主管……太欺负人了！”接着她就大概说了柴升如何借着工作之名骚扰她的事。小涅是个刚参加工作没多久的单纯女孩，家境不好的她很珍惜这份工作，于是对柴升的骚扰只能忍气吞声。

我听后火冒三丈，嘱咐她以后再被骚扰就立即通知我。自那以后，我格外注意柴升，发现他果然是个好色之徒，几乎是利用一切可利用的机会调戏酒店的女同事。我在心里暗暗发誓，一定要找机会教训他一下。

没多久，机会来了，可这个机会也改变了我的人生道路。那是一个周六的下午，我正在办公室上网查资料，手机响了，小涅发给我一条短信："他又来了，我好怕！"我感到全身的血"呼"地一下都冲上了脑门，拳头也不由自主地捏得"格格"响。匆匆赶到商务中心，我正好看见柴升站在复印机旁，手在小涅的后背上乱摸，低头复印资料的小涅浑身都在发抖……

我顾不得许多了，冲上前一把抓住柴升的衣领，吼道："你干什么！"柴升吓了一跳，回头看到是我，立刻收住了那副色迷迷的嘴脸，换成了惯有的傲慢表情，一边轻蔑地推开我的手，一边说："你有病啊，快松手！"怒火中烧的我怎么可能轻易放过他，继续吼道："你这个色狼，不给她道歉，休想让我放了你！"一听这话，柴升的脸一下子涨得通红，恼羞成怒地低声骂道："臭小子，你是不是找死啊！给我滚开！"说着就开始和我厮打起来，小涅吓得站在一边只会哭。瘦小、干瘪的柴升哪里是我的对手，我一拳拳朝他头上砸去，砸得他站都站不稳了。就在我打累了准备停下时，柴升不知从哪儿抓起一把剪刀朝我刺来！幸亏我躲得快，只是衣服划破了，可我也被激怒了，抄起身边的一个椅子就往他头上砸去……

柴升被我打成了脑震荡，昏迷了三天。我闯下的祸令父亲大为光火，他狠狠地打了我一顿，并关了我一个星期的禁闭。但他又不能让我的人生从此留下污点，因此，他安排酒店的高层亲自给柴升做工作，并支付了一大笔赔偿金，才算将这件事压了下来。

我肯定没法再在酒店做下去了，父亲很严肃地对我说："你实在太缺乏历练！没有真正在社会上闯荡，你永远改不了任性、冲动的性格。"就这样，父亲作出了一个重大决定：不给我任何帮助，让我过三年普通人的生活。

对这样的决定，我自己倒没什么感觉，它却急坏了母亲和其他家人，但碍于父亲，他们也不敢反对。离开家时，我口袋里只有5000元的“独立生活启动资金”，这还是母亲苦苦哀求父亲后得到的“特别宽待”。

放逐民间，幸遇灰姑娘

就这样，我在酒店干了不到半年，就在母亲的泪光中离开家，来到了首都北京。在陌生的街道上，我走了很久，不知道自己该干什么，直到天黑了，我才明白，我应该先找个住的地方。在一个装潢还不错的酒店，我开了一间房，花掉了六百多块钱。

从到北京的第二天开始，我就买了很多报纸，看招聘信息。但凡好点的工作，都要求学历，可我除了一张身份证，什么证件都没带，因为父亲不允许，他的理由是：这样才能真正体会到生活的艰辛。

眼看着口袋里的钱越来越少，我开始着急了，先是搬出酒店，租了一间每月300元钱的地下室，接着就是每天只吃一餐饭。可这样也维持不了多久，我只好在街上转悠，看能否找到赚钱的机会。那时已经是7月了，有天下午，又累又饿又渴的我走进一家大超市准备买点水和吃的，无意中看到门口张贴着一个招聘启事，其中对保安一职的学历要求不高。于是，我顾不得买东西填肚子，直接闯进了超市的人事科。

虽然没有学历证明，但我的气质、流利的英语和不错的外形使我被录用了。熬了快一个月才找到一份工作，我兴奋极了，晚上就跑到餐馆好好犒劳了自己一顿。谁知，到超市报到还得等一周，我只好又节衣缩食。

终于挨到了正式上班，我的口袋也彻底空了，每天只能靠超市的一顿工作餐维持体力。有一天早上，一个顾客在电器柜台吵闹，我赶过去时，他正揪着女营业员的衣服，似乎准备动手。我顾不得许多，一把将那个顾客拽开，他立马将矛头转向了我，说我动手打人，闹得很凶。后来，在超市相关人员的调解下，那个顾客才算罢休，我也因此挨了批评。

那天中午，我在食堂正低着头闷闷不乐地吃饭，忽然，有人往我的餐盘里放了一个鸡腿。我抬头一看，正是早上被那个顾客纠缠的女营业员。她羞涩地笑着说："今天让你挨批评了，真是不好意思！"说着就在我对面坐下。她长得很清秀，有着一种说不出来的亲切感。交谈中我得知，她叫那苏，是石家庄人，比我小两岁，来北京有一年多了。听说她也是河北人，我对她的亲近感又多了一分。只是，我没有告诉她我的真实情况，胡乱骗她说自己是个孤儿，早已没有什么亲人。没想到，那苏眼里竟然闪出了泪光，她说她父亲就是个孤儿，吃过很多苦，所以她很同情我。这真是个善良的姑娘，我心里不由得微微一动。

其实我上学时，也有不少女孩对我表露好感，可父亲总是告诫我说，现在的女孩子很现实，她们喜欢我，往往是喜欢我家的财产。渐渐地，我便对女孩子有了戒备心。可是，那苏并不知道我的家底，在她眼里，我就是一个孤儿。

我做保安的工资很低，只有八百多元钱，在北京这样一个高消费的城市根本不够用。尽管我省吃俭用，可每月交完房租，剩下的钱还是不到月底就花光了，挨饿便成了常有的事。有一次，我帮同事搬货物，可刚搬了两件我就支撑不住了，两眼一黑，晕倒了。醒来时，我已经躺在员工休息室里，那苏正焦急地替我掐着人中。看到我醒了，她松了一口气，心疼地说："你每天吃几餐饭啊，怎么饿成这样？"也不等我回答，她就拿出一个面包和一袋牛奶让我吃。

那一刻，我心里酸酸的、暖暖的，有一种从未有过的感动和喜悦。

自那以后，那苏对我特别关照，每天早上都要塞给我一袋牛奶和几个面包，吃午饭时也总是把她餐盘里的好菜夹给我，晚上就以各种借口拉着我“陪”她去吃饭。尽管吃的都是很简单的面条或包子，但我却觉得比我以前吃的珍馐美味要好吃一百倍。

2004年底，人们都开始忙着过年了，超市异常热闹起来，每天都人满为患。顾客太多，其中免不了会有浑水摸鱼的人。很不巧，有天晚上，我觉得肚子不舒服，不停地往厕所跑，和我一起当班的保安忙得焦头烂额。结果，那天超市被盗了几千块钱的商品，我和那个保安被一起开除了。

就在大家沉浸在迎接新年的喜悦中时，我不仅失去了工作，还连累了同事，心情极度沮丧。得知我被开除的消息，那苏费了好大劲找到我，她没有安慰我什么，只要我等她下班一起走。

天黑了，我和那苏在寒风中默默地走着，过了很久，她才说：“我今年不回家过年，我们一起过吧！”望着她清澈的眼睛，我终于忍不住哭了。那苏轻轻地抱住我，任我的眼泪沾湿她的衣襟……

节衣缩食，得到平凡的爱

为了省钱，那苏退掉了她和别人合租的房子，搬到了我的地下室。她的到来使阴暗、冰冷的地下室仿佛突然间有了阳光和生机，我不再厌恶待在里面。那年春节，尽管只有饺子和啤酒，尽管没有电视可看，但却是我有生以来最快乐的春节。吃过年夜饭，我们手拉手逛街、看别人放烟火、听别人家里传出来的歌声，竟也觉得无比充实。

也许是有了那苏的爱和她无微不至的照顾，我开始产生了惰性，对找工作不太积极了。直到3月，我才在一家小公司找到一份推销员的工作。当推销员只有400元的底薪，完不成任务还要从底薪里扣钱，做了不到一个月我就放弃了，别人的白眼和歧视使我的自尊无处安放。后来我又做过一段时间的餐厅服务员和报纸投递员，这两份工作都没坚持下来。

那苏从不责备我，她只是安慰我："我现在的收入暂时还能维持生活，你也不要太灰心，慢慢来，总会找到适合你的工作的。"话虽这样说，我却越来越没有信心了，只想熬过剩下的两年，回到从前无忧无虑的生活。

每天看着那苏疲惫地回来，我就很内疚，但一想到两年后，我就可以给她锦衣玉食的生活，心里又踏实了。为了平衡心里对她的愧疚，我经常想办法买些便宜、新鲜的东西做给她吃，看着她开心的样子，我也觉得特别幸福。

2005年10月的一天，那苏下班回来，不再像平时那样叽叽喳喳地给我讲超市里发生的有趣的事情，而是默默地躺在床上流泪。这可把我吓坏了，我问她到底发生了什么事。过了好半天，她才说，下午接到家里的电话，说父亲得了很重的病。她父亲这一病倒，家里除了那苏，就没有人挣钱了，她的弟弟还在读高中。

以前，那苏从来没有对我说起过她家里的境况，听到这些，我一下子懵了，完全没想到她家如此拮据，而她为了我，将近两年没有回家看望家人，挣的钱也全部用来维持我俩的生活了，她拿什么回去给父亲治病呢？看到我比她还着急，那苏反过来劝我："没事，你别着急，我去找同事借点钱。"

我决定打电话回家找母亲要点钱，不巧的是，接电话的是父亲，我吞吞吐吐地说明了用意后，父亲断然拒绝道："我说过了，这三年里，你必须忘掉我们这个家庭的存在！现在我不能给你一分钱！”

可除了家人，没人能够帮我解燃眉之急，于是我又偷偷给姐姐打电话。姐姐一向很疼爱我，她在电话里一听到我的声音就哭了。得知我急需钱，她当天下午就往我的卡上汇了五万元。收到这笔钱，我大大地松了口气。

当我把那张存有五万元的银行卡放到那苏手里时，她眼里没有惊喜，只有疑惑：“你哪儿来的这么多钱？”我按照早就编好的话说，这是以前一个关系很好的同学借给我的，他现在做生意发达了，不用急着还。那苏这才将信将疑地收下了卡，第二天她就坐上了回家的火车。

那苏回去了二十来天，那20天于我仿佛有20年一样漫长，我已不能习惯没有她的日子。

好在有了那笔钱救急，那苏父亲的病得到了控制，她终于又回到了我身边。但由于超过请假的时间，那苏没法再回到超市工作。生存的压力很快就将我们重逢的喜悦扫荡得一干二净，找工作成了我们两个人的生活主题。

没多久，那苏终于在一家商场找到了收银员的工作，而我又在另一家超市做起了“老本行”——保安。对于这样的现状，那苏非常满足，她唯一担心的就是那五万元钱何时能还完。

亮明身份，失去心上人

平静的日子总是过得很快，转眼就到了2006年年底。一天，那苏气鼓鼓地回到家，说她的经理中午请她喝咖啡，更可气的是，那个家伙竟然提出要她做他的情人。“要知道，那可是个已婚男人。他以为自己有钱就了不起吗？他以为每个女人都只认钱吗？太无耻了……”她絮絮叨叨地说着，全然没有注意到我已经气得脸色发青。当我一拳砸在桌上时，她才吓得停了下来。看着我愤怒的表情，她居然“咯咯”地笑了：“你这个傻瓜，干吗气成这样？我才不会答应他呢！”可我忍受不了这样的人，在我的强烈要求下，那苏只好辞职，又重新开始找工作。

那段时间，也许是太累了，那苏的脸色很差，经常感冒、发烧。我让她在家休息，她也不肯，硬要出去找工作。我心疼极了，却也拿她没办法。

2007年，刚过完五一节没多久，我正在超市上班，父亲的秘书陈哥突然出现在我面前。他笑眯眯地说：“甄总要我过来接你回家！”天啊，我竟然忘记三年的期限已经到了！我请陈哥等我几天，因为我要说服那苏和我一起回去。

该怎么跟那苏说呢？她能接受这样的变化吗？晚上，我拉着那苏出去吃饭，她不愿意浪费钱，但在我的生拉硬拽下，她只好跟着我进了一家比较高档的西餐厅。在那里，我告诉了她真相以及我要带她回家的打算。我以为那苏会像平时一样，微笑着点点头，可是她没有，表情异乎寻常地严肃，她沉默了很久才开口：“你为什么瞒了我这么久？三年了，我竟然完全不了解你，这太可怕了！你让我考虑一下吧。”

那天晚上，我们都没有再提这个事情。第二天一早，那苏对我说：“我想回家和爸妈商量一下。”说完就开始收拾东西。我觉得也好，毕竟对她这么传统的人来说，这是件大事。

然而，她这一走竟再也没了音信。眼看着时间一天天过去，我急得如热锅上的蚂蚁，直后悔当初怎么就没想到问她家的地址或电话号码。

在父母的催促下，我只好和陈哥回家了。走之前，我特意交代房东，如果那苏回来了，一定要告诉她我的地址和电话，让她和我联系。可这依旧是徒劳。

焦灼不安中，我想起了那苏的一个好朋友小利，也许她会有那苏的消息。为此，我又专门赶回北京去找小利。小利说前不久那苏确实给她打过一次电话，说自己得了血液病，暂时不能回北京工作。可那苏的家具体在什么地方，小利也不清楚。

那苏究竟得了什么病，她现在怎么样了，我无从得知，每天心里都像猫抓一样难受，干什么都静不下心来。有时候，看着家里奢华的家具，我心里会莫名地生出一股恨意，如果不是因为我有这样一个家，那苏一定不会离开我。假如可以用这万贯家财换回我的爱情，我一定会毫不犹豫。可是，她为什么这么狠心，不肯给我一点机会……

走过“冲动”的雨季：

爱而不得，也请默默祝福

当很多人在感叹物质至上、真爱难寻时，富家公子甄清辉意外地得到了一份纯净的爱情；当很多男人在抱怨女孩子们太现实、太功利时，清贫女孩那苏却因得知恋人的富有而悄然消失……我想，这一定是因为，在社会底层奔波劳碌着的那苏，在心底为爱留出了一片净土，它容不得谎言、金钱的沾染。这样的女孩，让人不由得对她心生敬意。

欺骗那苏，甄清辉确实有不得已的原因，但知道真相后，那苏的反应却是他始料不及的。他认为，尝尽了贫穷之苦的那苏，会因为他身份的华丽转变而欣喜，殊不知，这恰恰是对她的爱的玷污。不过，也正因为如此，甄清辉更加珍视这份爱——这份对他来说，如绝世珍宝般无法复制的爱。

只不过，爱是需要相互尊重和理解的，我只想对甄清辉说，你们的爱情是万贯家财换不回来的，你应该尊重那苏的选择，默默地祝福她，还她平静的生活，这才是你爱她的表现。

马上就满30岁的奕禄，至今仍然单身。他15岁开始初恋，15年来，一共经历了三段感情。然而，他曾经的一段“黑色”经历，让三个女孩一个个离开了他……

爱情面前，青春的刺青无法抹去

主人公：奕禄 / 男 / 30岁 / 厨师

年少时的理想——做黑帮老大

我是个从小就有远大抱负的人。不过，我的抱负选错了地方。我对学习没什么兴趣，从小学开始就经常逃课出去玩，认识了在社会上混的虎子、阿彪，和他俩成了好朋友。

初三那年，我稀里糊涂地被虎子和阿彪拉着去打架，连和谁打我都不知道，只知道挥着手里的铁棍乱打一气。当时对方的人比我们多，结果却是我们赢了，据说我的“功劳”特别大。后来我才知道，那次是两个帮派的争斗。虎了他们帮派的老大安哥为此特别赏识我，希望我加入他们。我很想答应，可我还在学校读书，父母绝对不可能同意。正在犹豫不决的时候，学校知道了我参与打架斗殴的事，由于性质恶劣，最后竟将我开除了。

其实，我一点都不因为被学校开除而难过，相反，还有点暗自庆幸——我可以名正言顺地不上学，好好干一番自己想干的“大事”了。于是，我从15岁开始成为我们那一带第二大黑帮的成员。为此我兴奋不已，觉得我总有一天也可以像电影里黑社会的那些人一样，成为威震四方的人物。

加入黑帮后，无论做什么事，我都特别卖力，加上我头脑比较灵活，很快就得到了安哥的赏识。一年多之后，我就从一个小小的跟班变成了一个“中层干部”，这从大家对我的称呼可以看得出来——我刚加入的时候，和另外几个兄弟结拜，排行第九，大家叫我小九，被“提拔”后，我就成“九哥”了。

由于没走正道，父母对我从失望变成了绝望，之后几乎不再理我。我觉得他们不能理解我的志向，只有等我做出一番成绩来，才能说服他们。而且安哥很照顾我，所以我便离开父母，从家里出来。

18岁那年，可以说正是我“事业”的高峰期，却发生了一件令我痛苦终生的事，甚至改变了我的人生道路。

这事得从我上学时说起。我刚上初一时，班上转学来了一个女孩，叫影儿。她长得很好看，皮肤白里透红，身材苗条，特别是那双眼睛，又黑又亮，透着一股倔强。可她不大爱和同学们说话，显得比较孤单。后来我才听说，她父母离婚了，她跟着爸爸过，所以才转到我们学校来了。她以前成绩很好，大概是受父母离婚的影响，性格变得有些孤僻，成绩也大不如前了。而我呢，其他同学看到我经常和不三不四的人玩，就觉得我很坏，不愿搭理我。所以我很同情影儿。有好几次，我看到有女同学议论或取笑她，就出面制止。而她似乎也并不反感我，对于我善意的帮助，总是投以感激的微笑。

除了不爱学习，我真不是个坏孩子，我对很多事情都有自己的原则，比如感情。尽管我喜欢影儿，但我觉得我们还是学生，谈恋爱对她影响不好，所以和她同学两年多的时间里，我们仅仅是偶尔放学晚了一起走，我连她手都没碰过。初三我离开学校没多久，影儿忽然来找我，说她妈妈已经跟别人到国外去了，爸爸也结婚了，谁都不愿管她。自从我走后，有些同学经常嘲笑她，她很难过，可又找不到人说，于是想到了我。她那天哭得很伤心，看着她楚楚可怜的样子，一股豪情在我心里涌起，借着这股劲，我终于向她表白了心迹。影儿没有拒绝，一下子扑到我怀里痛哭起来。

原来，一直缺少关爱的影儿自从我第一次帮她赶走那些嚼舌根的女同学后，就对我有好感了。我走了以后，她觉得很失落，加上又发生了很多让她不愉快的事，所以她才下定决心来找我。

就这样，我和影儿恋爱了。

影儿——为我而死的初恋

以前我一直和虎子、阿彪住在安哥给我们租的房子里。我和影儿在一起后，他们俩就很自觉地搬到别处去了。因为影儿不愿回她爸爸的新家，只能和我住在一起。

影儿是个很单纯的姑娘，虽然她原来也隐隐约约听说我和社会上的一些人混，但当她得知我是黑社会的一员，还是无法接受。而我真的很爱她，在我的苦苦哀求下，她最终同意留下来继续和我在一起。

我帮她找了一份在商店做营业员的工作，白天大家各忙各的，晚上就一起买菜、做饭，日子过得温馨而平静。影儿也很享受这样的生活，她曾几次跟我说，我做的事不好，希望我能找份正当工作，这样我们就可以真正过上幸福的生活。可我那时的“抱负”还没实现，根本就听不进她的话，总是表面上答应着，敷衍她。

我18岁生日过完没多久的一天晚上，我刚和影儿在家吃完饭，安哥就打来电话，要我赶紧带一批兄弟去砍人。可能是电话里的声音太大了，坐在我身边的影儿听得一清二楚，我刚一起身，她就一边哭一边死死地拽住我说：“你不能去，那是犯法的，很危险！”其实，我和她一起的这两年，像这样的帮派之争已经发生过很多次了，只是我从不让影儿知道，就是怕她阻拦。可是安哥他们已经在等着我了，我没法跟她多解释，执意往外走，影儿也很坚定，硬是拽着我不放。我情急之下，只好将她抱起来，反锁到卫生间里，隔着门说了一声：“影儿你别担心，我很快就回来，不会有事的！”然后任凭她在里面哭喊，我还是头也不回地走了。

那一次打斗规模很大，双方人数都很多，我不慎被人一棍子打中头部，昏了过去。等我醒来时，我已经躺在医院里了，虎子和阿彪守在我身边。我看见他们脸色都很沉重，就问是不是弟兄们损失很大。他们摇摇头，把头低下去，不敢看我。我急了，问他们到底出了什么事，虎子才嗫嚅着说：“影儿出事了……”

影儿能出什么事？我一时反应不过来。阿彪接着说：“你出门以后，影儿不知怎么骑了辆摩托车追来了。结果，在一个十字路口和一辆的士撞上了……”“她现在在哪里？有危险吗？”我只觉得心猛地往下沉。“就在这家医院……”阿彪说。我要去看她！这是我得到答案后的第一个反应。阿彪和虎子死死地按住我，哭着说：“人都已经死了，你还看什么啊！”听到这话，我的脑子嗡地一下，只觉得天旋地转。这肯定是个噩梦，她昨天晚上不还和我在一起吃饭吗？

可是，当我看到了安静地躺在白布下的影儿时，我不得不接受了这个事实。虽然在同一家医院里，我们却已天人永隔，她连一句话都没有给我留下……我无论如何不能原谅自己，如果我不出去砍人，或者接电话时避开影儿，她就不会死的！我痛悔不已。但是，一切都已无法挽回，我彻底失去了这个我一生中第一次爱过的女人。

路菲菲——只认钱的物质女人

办完影儿的后事，我在她的墓前跪了整整一天，也想了很多很多。最后我跟她发誓：满足她生前的愿望——五年内退出黑帮，而且不谈恋爱。

这些我都做到了。

三年后，我跟安哥提出退出黑帮。安哥对我一直很好，虽然我的退出让他有些遗憾，但他没有为难我，还给了我15万元钱，让我谋条好的生路。

我疲惫不堪地回到家，父母依然接纳了我，并帮我报名在一所职业学校学习厨艺。毕业后我先在一些小餐馆打工，技术提高后，我应聘到了一家大饭店做厨师，待遇也还不错。

自从影儿死后，我觉得自己的心也跟着她死了，没法再去恋爱了，连性格都变得很闷，每天除了上班就是逛书店和碟店，和以前的生活简直天壤之别。就在我打算如此平静地过完一生时，一个女孩闯进了我的生活，她叫路菲菲。

那是2003年，记得当时W商场开业没多久，有一天我去闲逛，发现那儿有一个书吧挺不错，里面还有一个麻将桌供人玩，但我没兴趣，我只看书。路菲菲是旁边一个服装店的店员，经常会趁着休息或下班的时间过来打一两圈麻将。她是个非常活泼外向的人，只要她到书吧来，书吧就会变得格外热闹。而我从来不说话，只低头看书。没想到这反而引起了她的注意，她主动与我搭讪，一来二去，我们成了熟人。

路菲菲的出现仿佛给我灰暗的心里带来了一丝阳光。她叽叽喳喳的说笑感染了我，使我也变得快乐起来。开始，我只是把她当作普通朋友一样请她吃饭、看电影。

每次和路菲菲出去，我都会请她去一些比较高档的餐厅，有时还会给她买比较贵重的礼物。她见我出手大方，对我的好感也表现得越来越明显。渐渐地，我们由普通朋友变成了恋人。

路菲菲小我四岁，可能是工作了几年，显得很成熟，对我也很好，挺善解人意的。和她在一起，我觉得很舒服，没什么压力。我向她坦白了过去在黑道的经历，她不以为然，还顺口说了一句："那应该有很多钱吧。"我当时没有在意她说这话的意思。

过了一段时间，路菲菲跟我说老是给人家打工没意思，想自己做老板。我觉得条件不成熟，不太赞成，可在她的一再坚持下，我还是同意了。租店面、装修、跑进货等等，都是我帮她做的，而且，所有的钱都是我出，她只是在一旁指手画脚。

到了2004年过年前，服装店开张近半年了，生意却一直不好，路菲菲就怪我投资少了，没进到好的款式，又吵着要我再拿些钱出来。为了她这个店，我不光出力、花时间，还用掉了所有的积蓄，已经没钱给她了。于是我劝她不要再折腾了，干脆找个合适的工作，好好过日子。没想到，她白了我一眼说："没钱我跟着你干什么？受苦吗？在黑道上混了那么多年还是个穷光蛋！"

说实在的，我是个不太重视钱的人，只要我认为值得，别说钱了，就是要把命搭进去我都不会吭一声。但是，路菲菲的话深深地伤害了我，原来，她和我在一起只是贪图我的钱！虽然和她在一起的一年多里，她给我带来了很多快乐，可是我无法忍受她将物质凌驾于感情之上。所以，她说完那番话，我什么都没说，扭头就走了，走得很坦然。

也许，和物质女人结束感情是一件很容易的事，因为金钱的债总是可以还清的。

路婧——需要安全感的女子

和路菲菲分手后，我又恢复了以往的单调生活。有时候我常想，是不是我已经丧失爱的能力了，为什么和她分手一点感觉都没有呢？于是，我不再期望爱情。

2007年6月，我被另一家大宾馆挖去做厨师长。我到任没几天，就发现有个服务员显得与众不同，她总是郁郁寡欢的样子，在她的身上似乎总有那么一点影儿的影子，可具体是什么，我也说不清。一看到她，我的心就动了一下，隐隐地痛。

这个女孩儿叫路婧，比我小七岁，是趁暑假到宾馆打工的。我从其他服务员那儿知道，她因为刚失恋，心情不好，所以才显得很忧郁。于是，我经常找她说话，逗她开心。看着她的心情一天天好起来，我大着胆子跟她开玩笑说：“咱俩真是缘定三生啊，你干脆就跟着我算了！”她没有回答，但是脸上却漾出了羞涩的笑容。

不过，路婧的情绪还是不太稳定，有好几次，她上班的时候接了一两个电话以后就很长时间不说话，我不好多问什么，只能默默地帮助她。有一天，她迟到了很久，和她交班的服务员非常生气，冲她发了很大的火，领班也准备给她处分。我知道后，连忙去找领班，替她说了不少好话，这事才算平息下去。下班后，我还主动约她出去散步，陪她说心里话。原来，她以前的男朋友又来找她，两人吵了一架，她心里很乱，哭了一晚上，到早上才迷迷糊糊睡着，哪知道这一觉就睡过了头。知道是我帮她摆平了这件事，她很感激我，我也尽力去安慰她，而且保证，只要有我在，工作上的问题我都会想办法替她解决。

我这人是说到做到的。后来，路婧和同事在工作中发生摩擦或者犯了错误，我几乎是不问青红皂白地公开袒护她。我在宾馆里还是有些话语权的，连老板都对我礼让三分，因此，她在我的庇护下，安然渡过了几次危机。但是，这也让我得罪了很多同事。可是，只要路婧高兴，我觉得这样的付出都是值得的。而且，我虽然离开黑道很多年，但身上依然保留着以前的习惯，作风很强硬，根本不在乎别人的小心眼。有一次，一个男服务生叽叽咕咕地说路婧的坏话被我听见了，我二话不说，拿过一把菜刀插在他面前的桌子上，警告他：“以后不许在背后说路婧的坏话，否则我就不客气了！”那个男孩吓得脸都白了，之后看到我都绕道走，哪还敢再说什么。

我的豪侠仗义深深地感动了路婧，她终于接纳了我。对她，我也真的很用心，就像当年对影儿一样，甚至更好。有时候，厨房做了一些很新很好吃的菜，我都会冒着被开除的危险偷偷给她留一点；天热了，我会不顾其他员工的不满，把她拉到我的办公室去享受一下空调。路婧很享受我对她的呵护，也越来越依赖我。

但是，我却无法像对路菲菲那样坦然地说出我过去的经历，因为我感觉她会和影儿一样反感那样的事。可是，事情总会有暴露的一天。

大概是8月份的时候，有一天我和路婧一起逛商场时碰到了虎子和另外两个兄弟也在那里买东西。虎子远远就看见我了，跑过来和我打招呼。没法躲避了，我只好告诉他，路婧是我的新女朋友。虎子知道影儿的死对我打击很大，看到我又有了女朋友，他很高兴，热情地跟路婧寒暄，无意中说出了我以前的事。我急得在一旁冲着虎子拼命使眼色，可当那家伙意识到时已经晚了，路婧的脸色越来越难看。

和虎子道别后，路婧质问我究竟是怎么回事。我想这事瞒也瞒不住，只好如实跟她说了，并且保证说早就没参与他们的事了，以后也绝对不会参与。路婧没说什么，但我看得出她很不开心，之后便对我很不信任，只要我单独出去时间长了，她就以为我又去找黑道上的朋友了，甚至我对其他同事发脾气，她都害怕我会把人家砍了。我只好一再地收敛自己，免得引起她的不安。

转眼到了9月，路婧通过专升本考试，考上了日照的一所大学，马上就要去报到。走之前，她哭了，很依依不舍的样子，我安慰她说："你好好安心上学吧，其他的不要多想，我会在这边等你的。只是我不在你身边，你一定得照顾好自己。"听了这话，她哭得更伤心了。

刚去日照的时候，路婧还天天和我联系，不过话题多集中在我还有没有和黑道上的人联系，还会不会去和他们混在一起等。每次我都跟她发誓，可惜，作用似乎不大。半个月后，她就不再和我联系了，我很着急，主动给她打了很多次电话，她都推说学习很忙，匆匆挂了。我有种预感，我和她的关系已经快走到尽头了。

谁知道，10月1日，路婧突然给我打电话，说很想我，希望我能去陪陪她。我挂了电话就去买了到日照的车票，赶过去陪了她六天。那六天我们俩都很开心。只是，等我回来时，我的厨师长位置已经被别人坐了，我失业了。可是我一点不后悔，工作没了可以再找，爱情丢了就找不回来了。

然而，我又错了。过了几天，路婧在电话里很决然地跟我提出了分手，理由很简单，我的经历让她很没有安全感，她接受不了，她不想自己的生活染上“黑”色。而且，现在有一个男生很喜欢她，跟她表白了，她也觉得和他在一起很轻松，没什么负担。

于是，在经过了那六天的“回光返照”，我的第三段恋情结束，我清楚地记得，我和路婧从相恋到分手一共是103天。每到夜晚，这103天里的点点滴滴就会像电影一样在我的脑海里放映。为了忘记她，我试着拿烟头烫自己，拿毛巾塞在嘴里拼命地喊，却都无济于事。

我有时候就在想，我是不是欠姓路的什么？为什么会有两个姓路的女人出现在我的生活中，一个拿走了我的钱，一个拿走了我的感情，而且拿得那么狠心，那么绝情……

其实，我说出自己的故事并不是要谁同情我，只是想告诉那些生活在阳光下的人们，千万要珍惜这份美好，不要和我一样被打上黑色的烙印，否则，必将会尝到由此带来的痛苦。

走过“黑色”的雨季：

心有阳光，阴霾终将散去

年少轻狂时做出了错误的选择，谁知却影响了至少十几年的感情生活。这肯定是奕禄当初没有想到的。影儿的死终于惊醒了懵懂中的奕禄，代价虽然过大，可走出来就是一个好的开始。继续走下去，当然不可能一帆风顺，但只要不走回头路，希望总是会有的，千万不要拿过去来惩罚自己的现在甚至将来。

尽管过去的痕迹已经没法回头去擦了，可是，奕禄身上不时暴露出的一些过去的习惯却是可以改掉的，比如花钱大手大脚，比如喜欢以暴力解决问题……这些都会使那些渴望安定的女人失去安全感。所以，先从习惯改起，然后自信一些，下一段爱情就会留在身边，直到永远。

“我看透了女人。她们的话不值得相信！”这是凌晖给我发的第一条短信。我赶紧回信：“不要因为一次挫折，就得出如此绝对的结论。”过了很久，凌晖的电话打过来了，他满腹委屈地向我讲述了他与三个女人的交往经历。正是这三个女人，让他得出了上述的结论，也失去了追求爱情的勇气。

三个女人的谎言，击碎我对爱的信心

主人公：凌晖 / 男 / 24岁 / 外企职员

一路顺风，我只缺爱情

我是一个对任何事情都非常认真的人：上学时，我排除所有杂念读书，于是顺利地考上了一所名牌大学；找工作时，我集中所有精力准备应聘，于是一路过关斩将，进入了现在的这家外资企业；进入公司后，我的认真、上进得到了上司的赞许。一切对于我来说，似乎都很顺利。不过，我却总感觉欠缺点什么，可到底是什么，我自己也不清楚。直到有一天，子健的一句话点拨了我，让我明白了自己还想要什么。

子健是我大学同寝室的哥们，他上大学期间，一门心思地想赚钱、交女朋友，最后连学位证都没拿到，导致他找工作也很不顺利。那天他刚在一家小公司找到了工作，心情好，请我喝酒。我们两人喝得酒酣耳热时，我向子健道出了心中的疑惑，他哈哈一笑，重重地给了我一拳说："你小子还缺什么？不就是缺个女人嘛！"我一下子茅塞顿开，是啊，这么些年，我满脑子都是学习、工作，还从没品尝过爱情的滋味呢！尽管公司里美女不少，可年纪都比我大，不合适。

见我不吭声，子健猜出了我的心思，他拍着胸脯说："我知道了，过几天我就给你介绍一个女孩，挺不错的。"我只当他是随口说说，也没在意。谁知过了一个礼拜，他真的给我发来短信，说要给我介绍女朋友。

过了两天，在子健的引荐下，我认识了岚臻。岚臻虽然不是很漂亮，但她的干净、朴实却让人觉得心里暖暖的，很踏实。几次交往下来，她的细心、善良给我留下了很好的印象，于是我主动向她表白了心意，她也羞涩地答应了。

纯朴女孩，她是我的初恋

有了岚臻的日子果然和以前不同。每天下班后，我不再为自己该去哪里吃饭、该干什么而发愁，只要她不加班，我就会骑着自行车去接她下班，然后我们一起吃饭、看电影、逛街，虽然过得简单，却无比快乐。

然而，随着相处的时间越来越长，我们之间似乎出现了一点问题。

岚臻只有高中学历，在一家服装厂打工，收入不高，工作非常辛苦。其实我对这个并不在意。尽管和岚臻在一起没有脸红心跳、死去活来的感觉，但本不浪漫的我就喜欢这种踏实、温馨的感情，加上这是我的初恋，所以我格外珍视。可岚臻却很在乎我们之间的那点差距，她总是会问我为什么不找那些学历高又漂亮的女孩，偏偏会看上她这么个既不漂亮又没什么学历的人。我每次都会开玩笑地说："因为你很笨，好哄嘛！"这不过是一句打趣的话，可说者无心，听者有意，敏感的岚臻将这话记在了心里。和我在一起时，她的笑容越来越少，显得心事重重。

转眼到了2007年春节，我提出陪岚臻一起回她老家。她说还没跟家里说我们的事，这么贸然地去不太好。我想想也有道理，就嘱咐她回家后赶紧跟父母说，如果需要我去的话，我可以马上赶过去。她不置可否地走了。

从大年三十开始，我就焦灼地等待岚臻的电话，一直等到年初四，她的电话才打过来。电话里，她只字不提要我去她家的事，只是客气地问问我过年的情况。我耐不住了，问她到底跟家里说了我们的事没有，她沉默了半天才说："我家里不同意……"这可真是出乎我的意料！岚臻家在农村，父母都是农民，我原本以为，以我的条件，他们不可能不同意。我问她为什么，她说，是因为我太优秀了，她父母觉得我不可能是真心对她好，婚姻是要讲究门当户对的，差距这么大，以后的日子肯定过不好。天啊，还有这样的理由！竟有父母不希望自己的女儿嫁个条件好的男人，我简直没法理解。岚臻解释说，他们村里就有两户人家的女儿和很有钱很有地位的男人好上了，结果那些男人都不肯和她们结婚，只要她们做二奶或情人。事情在村子里传开后，那两户人家都在人前抬不起头。岚臻的父母不想自己也成为被人嘲笑的对象，所以宁可岚臻找个般配点的穷小子，也不愿意让她和我在一起。

听到这样的解释我还能说什么？我觉得只有我当面去和她父母说清才行。可岚臻坚决不同意，说那样只会让她父母更生气，没准从此就不让她出来打工了。我只好等她来无锡以后再说。

因为优秀，我失去了初恋

春节过后，岚臻一直没有和我联系。我很着急，天天去她厂门口等着，第三天，终于等到了她。她很憔悴的样子，我看了非常心疼，想抱抱她，却被她一把推开了，她说："我已经在我父母面前努力过了，他们太固执，可我不想让他们伤心，所以，只有我们分手！"我一听，当时眼泪就不由自主地流下来了，这是从我记事以来第一次流泪。我恳求岚臻："不要轻易说放弃好吗？我会证明给你父母看，我不是他们认为的那种男人！我们一起努力好不好？"岚臻含着泪点了点头。

我以为，我们的感情可以战胜一切困难。没料到，第二天，情况就又发生了变化。那天下班后，我兴冲冲地赶去接岚臻，左等右等就是不见她的人影，给她打电话她关机了。我只有打电话给子健，子健的女朋友是岚臻他们厂采购部的采购员。子健的女朋友答应我第二天去打听一下。我心神不宁地过了一夜，第二天中午就得到消息：岚臻已经辞职了，具体去向无人知道。

失去岚臻的那段日子我不知道该如何度过，除了神情恍惚地上班，我就只知道在他们厂门口傻等，有几次都被子健的女朋友撞上。子健他们两个很过意不去，毕竟岚臻是他们介绍给我的。于是，子健经常陪我喝酒，听我唠叨，他安慰我说："谁第一次谈恋爱就能钻到婚姻的坟墓里去啊！不经历点风雨，怎么见彩虹？你也别太死心眼了，她不跟你是她的损失，下次你再找个比她好的！"可不管怎么样，岚臻也应该跟我说一声，就这么突然消失，我如何能接受！

成熟女人，让我意乱情迷

大概过了半年，我才渐渐从第一次失恋的阴影中走出来。对爱情这件易碎品，我不敢再轻易触碰了。然而，越是不敢触碰的东西，它越是会主动找上门来。

9月底的一天，我们经理请一个客户吃饭，听说对方人员里有年轻女性，经理就硬把我拉上了。对方确实有三个比较年轻的女子，其中一个叫嘉殷的长得很漂亮，特别有风韵，受到男士们的集体“攻击”。而我由于心情不好，只是一个人默默地吃，不大理会她。没想到我的落寞引起了嘉殷的注意，她撇开其他男士，给我敬酒，找我说话。酒席结束后，她还主动找我要了电话号码。经理见状，偷偷嘱咐我说，嘉殷是他们的总经理助理，要我对人家热情点。因此，饭后的卡拉OK，经理强行将我安排坐在嘉殷的身旁。

这以后，嘉殷便经常给我打电话，起初只是聊聊工作上的事，后来干脆约我吃饭、喝咖啡。有经理的嘱咐，我不敢怠慢嘉殷，对她我逢请必到。嘉殷只比我大三岁，但她看上去很成熟，身上有一种和岚臻完全不同的气质，非常自信、乐观、开朗。接触的次数多了，我又觉得她有时像个孩子，很顽皮、任性，甚至还会撒娇。不知不觉地，我有点被她迷住了，那种感觉和跟岚臻在一起时不一样。嘉殷的一个眼神、一句话都会让我心跳加速、满脸通红，而她看到我的窘样，常常会哈哈大笑。我觉得，嘉殷就像一个让人捉摸不透的小魔女，让你抓不住她，又对她欲罢不能。

嘉殷从没对我说过她自己的经历，反倒是把我的事情都套出来了。对于单纯的我，她常常会流露出一种母爱般的温情，有几次，她用手轻轻抚着我的脸，什么都没说，而我差点眩晕了。她总是恰到好处地拍拍我的脸，露出好看的笑容。

也许是情到浓处一切都会成自然吧，有天晚上，我和嘉殷在酒吧喝酒，两人都有点醉意时，她拉着我去了一家宾馆……

捅破了那层纸，我们的关系不再暧昧。我也没料到我会在失去岚臻后这么快就爱上另一个女人。有时一个人待着，一种不真实感就会涌上心头——这一切都是真的吗？为什么没有和岚臻在一起时那么踏实呢？但是，这种念头只是一闪而过，我没有去深究它的由来。

我很迷恋和嘉殷在一起的感觉，就像对某样东西上瘾一般，一天不见到她，心里就似蚂蚁在咬。嘉殷也常常说她很爱我，爱我的帅气、单纯，她说从看到我的第一眼起，就有一种要好好疼爱我的欲望。

不过说实话，我从没想过要去了解她的个人情况，除了年龄和工作单位，我对她几乎一无所知。

有一次，我们部门一个同事和我聊天时突然问我：“听说你和那个嘉殷在谈恋爱？”我默认。同事很认真地问：“你对她了解吗？”我不知道他所说的了解是指什么。他接着说：“你自己要谨慎一点，这个女人可没你那么单纯！你还是多了解一些她的情况再说吧。”

可惜，我对同事的提醒没有放在心上。

头破血流，她还告我强奸

10月中旬的一天，嘉殷如往常一样约我吃饭、逛街，然后我们就去了我们常去的那家宾馆。在房间里，嘉殷非常温柔地抱着我亲热。正在这时，忘记锁上的房门被人推开了，一个男人闯了进来，还没等我反应过来，一个硬硬的东西就重重地砸在了我的头上，我隐隐约约记得嘉殷尖叫了一声，然后我就什么都不知道了。

等我苏醒过来时，我已经躺在了医院，医生说我被人用砖头砸成了脑震荡。是谁对我下此毒手？嘉殷呢？她是不是也被人打了？对于我的问题，医生护士一概不知，他们只告诉我，是警察把我送来的。

过了两天，果真有两个警察来了，他们很严肃地告诉我，嘉殷女士控告我强奸她。天啊，这究竟是怎么回事？警察解释说，那天打我的男人是嘉殷的丈夫，他因为察觉妻子的行踪比较可疑，所以那天跟踪我们到了那家宾馆，看到我对他妻子实施不轨行为，一时失控才将我打伤。

嘉殷的丈夫？我对嘉殷实施不轨行为？脑袋受伤的我无法继续思考，这只会让我更混乱。警察说，等我伤势好一些了再来录口供。而我却根本不知道发生了什么事情。

后来，公司的同事来看我，那个曾经警告过我的同事偷偷向我透露了实情：嘉殷早就结婚了，她老公是个公司的老板，因为生意忙，经常在外地。那天他正好回无锡，无意中看到嘉殷和我在一起，于是就跟踪到了宾馆。结果，嘉殷为了让自己脱身，一口咬定是我以谈公事为名把她带到宾馆并欲施强奸。所以她老公就报了案。

原来如此！我无奈地闭上眼睛，心里却仿佛结了冰一样地冷。同事说，经理已经和她老公沟通过了，希望能私了。他们答应了，不过要求赔偿一笔钱。同事又说，其实大家都很清楚是怎么回事，只不过真要闹到法庭上去，肯定会对我不利，所以不如让我拿钱消灾算了。

我还能说什么呢？这事真要闹大了，我一生的清白就彻底毁了。于是，我把自己的银行卡交给同事，把里面的钱全部拿出来，然后经理帮忙垫了一些，凑了五万赔给嘉殷夫妇，这事才算了结。

开朗女孩，要我做她的恋人

住院期间，我的情绪极其低落，头上的伤痛远远不及心里的痛，我甚至想就此结束自己的生命。尽管同事们和子健每天轮流来照顾我，可他们只有下班以后才能来，所以白天我有很多机会。为了防止我出事，他们特别拜托了一个叫柳盈的护士照看我。

柳盈是个圆脸、大眼睛、身材娇小的女孩，非常活泼、热情。只要有空，她就会到我的病床前跟我说话。刚开始我总是不肯理她，也不肯吃饭，只顾闭着眼睛想心事。她一点也不急躁，耐心地开导我。我开始和她说话，并将自己的事情告诉了她。虽然她事先也知道了一点，但得知实情后还是很惊讶，不停地指责嘉殷无耻、恶毒，对我深表同情。当我的伤势好了一些，可以下地活动时，柳盈就常扶我在走廊散步。她嘴巴很甜，总是亲热地喊我哥哥，我也就顺势认她做妹妹了。

有一天，柳盈搀着我在院子里散步，平时总是叽叽喳喳的她变得有点沉默，一路上只顾低着头走路。我关心地问她怎么了，她也不说话，突然一头扎到我怀里，带着哭腔说：“你能不能不做我的哥哥？”我愣住了，有点不知所措。

见我没反应，柳盈轻轻推开我，说：“不懂就算了！”我怎么可能不明白她的意思，可是，我才刚刚经历了一场感情的浩劫，要在废墟上重建，那也得给我时间啊！

从那天开始，柳盈不再喊我哥哥了，而是直呼我名字，对我也比以前客气了许多。我知道她的想法，于是，有天趁着病房里没有别人，我对柳盈说："如果要我现在就答应你，那肯定不是真诚的，给我点时间好吗？"我以为她一定会很不高兴，没想到，她竟咧嘴一笑，说："嗯，我就知道你一定也喜欢我，只是还没缓过劲来。好吧，我等你恢复！"看着她又露出了灿烂的笑脸，我的心里也充满了阳光。

在柳盈的陪伴下，我的心情好了很多，身体也恢复得比较好。一个多月后，我就出院了。柳盈也一如既往地关心、照顾我，我觉得自己不能辜负她。加上子健知道后也劝我不要一朝被蛇咬，十年怕井绳，于是，我决定接受柳盈的感情。

摇摆不定，我只是她的避难所

可是就在这个时候，柳盈却突然不来看我了，我以为她出了什么事，给她打电话，她说她在常州的家里，有点事要办。我说："有什么需要我帮忙的尽管说，我在这边等你回来。"我的意思已经很明白了，柳盈却沉默了。

一周后，柳盈回到无锡。她来看我时，我发觉她不太开心，刚问她出了什么事，她就"哇"的一声哭了起来。这可把我吓坏了，我不知该如何是好。哭完，柳盈哽咽着说出了她回家的原因。原来她有个男朋友，本来两人都在无锡工作，感情很好。可是两个月前，男友的家人在老家常州给他找了份很好的工作，男友只好回去了，留下柳盈一个人在无锡。相隔两地，两人的感情出现了一些裂痕，吵架成了他们的家常便饭。柳盈向我表白的那天，正是他们吵了一架、男友提出分手之际。上周她回家则是因为男友给她道歉，要求复合，谁知道回去以后两人又吵架了。

说完，柳盈可怜巴巴地看着我说：“你比我男朋友好多了，我不想再和他有任何来往了，我做你的女朋友好吧？”这话问得我哭笑不得。但是，我却不忍心、也不舍得拒绝柳盈，因为我发现我已经有点依赖她、喜欢她了，她回常州的日子里，我觉得特别寂寞、空虚。

就这样，我以为柳盈和她的男友彻底分手了，准备调适自己的心情，好好对待这个可爱的女孩。然而，过了不到一周，柳盈又不见了，打电话一问，又回常州了，因为她男友又给她道歉，她动摇了。听到这话，我深深地吸了一口气，尽力让自己平静下来，并劝慰自己：算了，人家也有选择的权利，尊重她吧。

谁知，过了几天，柳盈又出现在我面前，说这次是真的和她男友分手了，她不想再和他纠缠下去了。她诚恳地请求我原谅，希望我能理解她。我能怎么办呢？看着她清澈、无辜的眼神，我再次接受了她。

令我没有想到的是，这才只是个开始。从那以后，几乎每过一两个礼拜，柳盈就要消失几天，然后跟我解释说男友又找她了，她还是想和男友复合。可过不了几天，她又会回来找我，说他们又闹翻了，还是希望我接纳。如此这般地折腾了五六次，每次都说一定跟她男友彻底分手，一定会安心和我在一起。

这不，这两天她又回常州了。我不想再问她原因了，我估计她又会回来找我，求我原谅。可我实在经受不起这样的折磨了。女人怎么都这么善变？到底她们哪句话值得我相信？我怕了，真的怕了。

走过“谎言”的雨季：

最值得爱的人，在风雨之后等着你

凡是在爱情中被伤害过的人，无论男女，都会说：“没有男人（女人）值得我相信了。”这就如我们小时候吃鱼被鱼刺卡了喉咙，便从此认为鱼是个不好的东西。可事实是，鱼是很有营养的，但也都是有刺的，关键在于——要慢慢吃。

爱情何尝不是如此。相识、相知、相爱是爱情的生长节律。在这个过程中，相知是极其重要、需要花费很长时间的一环。如果缩短甚至略掉它，这爱必将是无果之花。

凌晖显然违背了爱情的生长节律，他似乎总是被莫名其妙地拖入一场恋爱，投入感情后，才猛然发觉爱错了人。其实，他自己也知道，在废墟上重建是需要时间的，可他却没有坚持自己的认识，以致为此付出了血的代价。所以，放弃消极想法，重视爱情的生长节律，多花点时间去了解对方，相信凌晖以及和凌晖有着相似经历的人都能得到长久的爱情。

身材修长、面目俊朗的他却有一头与他年轻的脸庞极不相称的花白头发。也许看出了我的诧异，雷阳不好意思地摸了一下头，说：“都是被她愁的，一个晚上就变成这样了。”我更加惊讶了，到底是什么事能让一个男孩一夜之间青丝变白发？

不能爱她，却逃不出她的牢

主人公：雷阳 / 男 / 28岁 / 航空公司职员

一句玩笑话，她成了我的女朋友

我和裴娜是高中同学，也是关系比较好的朋友。高中毕业，我没考上大学，而是凭着良好的身体条件加上父母的帮助，进了一家航空公司工作。裴娜则考取了本地一所还算不错的大学。尽管走上了不同的人生道路，但我们的友谊并未中断，互相之间仍有书信来往，叙述自己全新的工作、学习和生活。

到航空公司两年多我就谈恋爱了。女朋友叫林贺，是我们公司的空姐，大我三岁，对我特别照顾。但那时的我不懂爱，也不懂珍惜爱，我是在同事的撮合下糊里糊涂地和她确立恋爱关系的。

懵懂的开始已经注定了这段“姐弟恋”不会有一个清晰的结局。当林贺还有双方的家人都做好了结婚的准备时，我却在关键时刻选择了逃避，借口就是我年纪还小。伤透了心的林贺一个月后就辞了职，和一个一直追求她的法国人结了婚，并到法国定居。临走前她给我打了个电话，说：“我知道‘年纪还小’是你的借口，你并不真正爱我。我比你大，我没有时间等你真正成熟起来。”

我的初恋就这样无疾而终。

和林贺在一起将近两年的时间里，我基本没和裴娜联系过。就在我快要忘记她的时候，却意外地接到了她的电话。电话里她先是把我臭骂一顿，怪我这么久都不理她，没义气，接着问起了我的个人情况。我只告诉她我还是个“快乐的单身汉”。她一听，竟然情不自禁地大叫“太好了”，弄得我莫名其妙：这是值得庆祝的事吗？可能也意识到自己失态了吧，裴娜赶紧解释说，她的好朋友刚从德国留学回来，她打电话的目的就是想把她介绍给我。

在裴娜的威逼利诱下，我和她的海归朋友见了面。凑巧的是，这女孩的爸爸和我妈是同事，我妈原来就曾说过不太喜欢她爸的为人。于是和她礼节性地见了几次之后我就跟裴娜交了底，没想到裴娜却说：“唉，给你找女朋友真难，干脆我做你女朋友算了！这样你妈不会不满意了吧？”我只当是个玩笑话，也就顺着她说了：“行啊，就你啦！只怕我妈还求之不得呢！”

谁知从那天开始，裴娜竟真的认真做起了我的女朋友。她对我的好，和林贺比起来有过之而无不及。从早上叫我起床、告诉我应该穿什么衣服到晚上叮嘱我睡前要喝牛奶、要记得刷牙，几乎我的每一个生活细节她都要关心。连我妈都开玩笑说她这个当妈妈的要下岗了。

我是那种只要别人对我好，我就会非常感动的人。渐渐地，我从心里接受了她，也越来越喜欢她。而裴娜后来也向我坦白，其实她早在高中时就喜欢我了，给我介绍女朋友只不过是她为了找我而临时想出来的一个借口。“幸亏你妈妈不同意，幸亏你不喜欢她，不然我可真是偷鸡不成蚀把米了！”这是她后来经常发出的感慨，简直让我哭笑不得。

迫于她妈妈的压力，我第一次提出分手

可没有想到的是，我和裴娜的恋爱遭到了她妈妈的强烈反对。

裴娜的妈妈是个商界女强人，她一手创办的纺织品公司是我们这里的知名企业，无论在家里还是公司里都是她说了算。裴娜的爸爸就是被逼着辞去了医生的工作到自家公司里帮忙的。裴娜大学毕业后也理所当然地被妈妈安排在公司里做事。她妈妈对这个费尽心血创建起来的家族企业十分看重，她一直希望裴娜能找一个对生意有帮助的人结婚。而我和我的家庭，都不符合她的要求。为此，在阻拦裴娜无效的情况下，她妈妈多次给我打电话，语气生硬地命令我和裴娜分手。

也许是逆反心理的作用吧，我和裴娜的感情反而变得更深了。她经常钻空溜出来和我一起逛街、看电影、吃路边摊。应该说，偷偷摸摸约会的那几个月是最值得回忆的一段美好、浪漫的时光。

裴娜的妈妈果然是个精明的女人，她可能感觉到强行阻止已经没有作用，于是改变了策略，张罗着给裴娜介绍了一个男朋友，那是一个对她家的生意很有帮助的人。起初裴娜死活不肯和那人见面，但经不住她妈妈软硬兼施的劝说，最终还是妥协了。第一次和那人见面后，裴娜向我“汇报”了整个经过，

还兴奋地告诉我，那人名字的读音和我的居然一样，叫“雷洋”。裴娜对这个雷洋似乎并不反感，听她说那是个事业有成、风度翩翩的男人。说者无心，听者有意，我的心里很不是滋味。但我也明白，以我的现状和能力是无法达到她妈妈的要求的。经过了很长一段时间的认真思考，我向裴娜提出了分手。

当我艰难地说完后，裴娜愣了半天，忽然大哭起来，一边哭一边跟我解释说，她是为了不让妈妈再给她施加压力才和雷洋交往的，她根本就不喜欢他，她只爱我一个人。最后我被她哭得心软了，答应不再提分手的事。可是她妈妈不同意，我们还是很难在一起。已经破涕为笑的裴娜冲我狡黠地一笑，说她会有办法的。只是我至今都不知道她用的是什么办法，她也从没对我说过。

过了两天我突然接到裴娜妈妈的电话，她说，要想和她女儿在一起，我必须证明给她看，我有能力在事业上帮助裴娜，否则一切免谈。证明的方法就是，她妈妈拿出50万元钱给我们，随便我们做什么，只要能合法地赚到钱。为了维护我和裴娜的感情，也为了挽回我的尊严，我接受了这个挑战。

为了男人的尊严，我们分分合合

经过商量，我和裴娜决定做家纺产品的代理，毕竟她的家族企业在这方面还是有一定资源可以利用的。刚开始我们俩都热情、信心十足，可还不到一个月我就精疲力尽。因为我还有工作，隔三差五地就要跟机跑航班。我不能就这样败下阵呀！于是我想出了一个下策——增肥。因为航空公司有规定，凡是体重超标的人禁止上机跑航班。然而，我增重的目的达到了，都没能挽回生意上的败局。仅半年多的时间，50万元的资本就被我们赔得一干二净。裴娜的不满和抱怨，她妈妈的冷嘲热讽，让我心灰意冷。而我已无话可说。尽管我的收入在普通人群里算是比较高的，工作了几年也买了车和房，但是对于裴娜家来说，这些死工资根本不算什么，也没法满足裴娜已经养成的高消费的习惯。

更让我难以接受的是，我无意中在裴娜的手机里看到了她一直和雷洋联系的记录。我为了她，不惜牺牲健康和前途，而她却背着我和另一个男人保持暧昧关系，这难道不是对一个男人最大的侮辱吗！沮丧、失落、愤怒一起涌上心头，我毫不犹豫地再一次提出了分手，没有给她任何解释的机会。结果，那几天我的手机差点被她打爆。我不接，她就拼命地打，一分钟都没停，直到电量耗尽。后来她索性跑到我们公司，哭着求我原谅，说如果我不原谅她，她就不走。看着她那个样子，我的心又软了，不管怎么说我还是很爱她的，况且为了不影响工作，我也不能让她在这里闹。

就这样，我们又一次和好了。虽然裴娜还是像以前一样喜欢命令我穿什么样的衣服、鞋子，什么时间该做什么，但语气明显温柔了许多。不久，公司派我到外地参加培训，刚去了一天，裴娜就打电话说她想我了，而且已经在来看我的路上了。没办法，我只好请假去火车站接她，并陪着她玩了半天。下午我给她买好车票要送她去火车站，却被她拒绝了。她说不能再耽误我的时间了，她一个人走没问题，说完头也不回地走了。我还是不放心，准备跟在后面护送她。刚走出没多远，我就看到那个雷洋从另外一个方向朝裴娜走过来，俩人非常亲密地坐进了一辆的士，往火车站方向走了。看到这一幕，我居然没有了上次的愤怒，只觉得像被当头浇了一盆冰水，寒彻骨髓。我掏出手机给她发了一条短信："你掉了一样东西没带走。"

裴娜很快就回了短信："我刚查了，没有掉什么东西呀！"

我的回信是："有，你的脸！"

发完这条短信我就关掉了手机。

无法结束的结局

一个星期后，培训结束，我回到家里。果然不出所料，裴娜的电话立即追了过来，她跟我解释说，雷洋在我和她提出分手的时候陪了她很久，为了表示感激她才邀他一起到我培训的地方玩，没有别的意思。

但这次我决心已定，不想和她再这样不明不白地纠缠下去了。为了躲开她，我换了手机号，向公司请了年假，到外地一个朋友家去玩，并嘱咐家人保密。

在朋友家的那一个月，我过得很放松，但还是担心回去以后裴娜会来找我。朋友帮我出了个主意，他说只要我再交一个女朋友就可以让裴娜死心了。我觉得这也是个办法，就打电话要妈妈帮我物色一下。

年假结束没几天我就去相亲了。对方是个小学老师，挺文静的，我对她不反感，就不咸不淡地交往着。有一天我带着新女朋友和一帮朋友聚餐，裴娜不知道从哪儿知道了，正当我们吃得很开心的时候，她突然闯进来，抓起桌上的餐具就是一通猛烈地摔打。在场的人全都惊得目瞪口呆。由于这些朋友认识裴娜，他们回过神后都纷纷劝她。她则不依不饶，一边骂一边抓着我又打又咬，像个歇斯底里的疯子！我赶紧要朋友把她扯开，带到外面去。谁知她在外面看到了我的车，于是车成了替罪羊，被她用砖头砸得面目全非。看到这一切，我实在忍无可忍，头一次狠狠地扇了她一巴掌。她捂着脸哭得撕心裂肺。不过这一次我没有心软，而是冷静地要朋友把她送回了家。而我则送那个小学老师回家，一路上我们都没说话，大家心里都明白，不会再有下文了。

深夜回到家，我刚躺上床，电话铃就惊心动魄地响起来，是裴娜的家人打来的，说她自杀了！我焦虑地在医院守了整整一夜。那一夜我几乎要把一生该受的煎熬都受尽了，我想象了无数个“如果”，只要有一个“如果”成为现实，我都将一生背负沉重的十字架。好在早上终于得到了她平安无事的消息，我才松了一口气，拖着疲惫不堪的身体回家。

当妈妈为我打开门的时候，我从她脸上看到了惊讶和恐惧，因为仅一夜之隔，我满头的黑发就像被染了一层霜。妈妈心疼得泪流满面。

这件事虽然过去有一两年了，但我心里对裴娜的负疚感丝毫没有减轻。裴娜也始终不原谅我，只要听说有人给我介绍女朋友，或者我和哪个女孩关系不错，她就一定会不停地打电话提醒我曾对她犯下的错误，甚至威胁着要去告诉那个女孩。她说：“我没说过要和你分手，你就不能跟我分手！否则一切后果由你负责！”

可当我说我愿意和她结婚时，她却不同意，因为她必须和雷洋在一起。雷洋已经帮她家做成了几笔大生意，他俨然是这个家族企业持续壮大的希望，裴娜不可能也不愿意弃家业于不顾。

几年了，她在事业和爱情之间徘徊不定，鱼与熊掌她都要。其实我很明白她的天平倾向哪里，所以我试图帮她选择，但我仍被她牢牢地抓着，出不去也退不回，动弹不得。我已经很累了，不想困在她的牢中不见天日。我只想请裴娜原谅我、放过我，不能让我爱她，就让我离开吧。

放手之后是晴天

每段爱情，我们都希望它像童话的结尾一样：王子和公主终于过上幸福的生活。然而，不是所有美好的愿望都能成真，但这不也恰恰是生活的魔力所在吗?

当一段感情因为这样那样的原因无法按照我们预想的那样继续下去时，放手便是一种智慧。微笑着说再见，至少能在对方的心中留下一个美好的回忆。不纠结，不纠缠，让分手的忧伤在渐渐淡去的思念中渐行渐远。给对方，也给自己一个晴天，在灿烂的阳光下各自寻找属于自己的幸福。

“出来混，迟早是要还的。这话可不就是说的我吗？”左非的话语中透着一丝无奈和自嘲，他说，他找我只是希望借我的笔记录下他的青春故事，给自己留下一个纪念，也留给别人一点思考。

年少时的错，阴影依旧笼罩现实

主人公：左非 / 男 / 23岁 / 销售员

热心的姑娘

2008年，我刚刚获得自由。是的，我坐过牢，三年。当我走出监狱的大门，呼吸到自由的空气时，我才惊觉，我已经20岁了，少年时代就这样残忍地和我说了再见。

三年的监禁使我深深地反省、自责，通过自我改造我去掉了性格中自负、冲动、浮躁的一面，更加成熟、稳重。我不知道这算不算因祸得福。

出狱后，我下定决心要靠自己活出个人样来。我的家人已经因为我的过失伤透了心，因此，我没脸再去求助于他们。那段日子，我过得非常艰难：身无分文我无处落脚，只好睡在火车站；为了填饱肚子，我免费给一些小餐馆打工。但这毕竟不是长久之计，我必须挣钱养活自己。可身无长技的我能做什么呢？我只能继续在餐馆打工。正好有一家规模较大的餐馆招人，我前去应聘，竟顺利被录用了，虽然只是做个普通的服务员，但我已很兴奋了。

我没有住处，就以餐馆为家，餐馆开门和关门前的各项准备工作我一天不落地参与。但凡有人请假，我都会爽快地顶替，从采购到厨房，几乎每个岗位我都做，且没有一点怨言。因为对于我来说，有一份养活自己的工作就是幸福，何来抱怨？

仅仅做了一个月，老板就找我谈话了。我心情非常忐忑，担心是不是自己有什么做得不好的让老板不满意，要炒我鱿鱼。没想到，老板对我大加赞赏，并要给我升职。我确实很惊喜，以为老板会要我当个领班之类的。更让我意外的是，老板竟然直接让我做了主管！要知道，在我们这个有一百多号人的餐馆，主管就相当于一个副经理了。我激动得差点哭了，不仅仅出于对老板的感激，更多的是为自己终于得到了别人的认可。

升了职涨了工资的我工作得更卖力了，以至于天气由热转凉都没有察觉。直到有一天，气温低到无法再穿短袖T恤时，我才意识到，当时已是秋天，该添置秋装了。

于是，我在一个比较空闲的下午邀了两个朋友一起去超市。正在服装区转悠着，突然有个人拍了我一下，我扭头一看，是个满脸笑容的漂亮女孩。我认识她，她是我们餐馆的服务员，叫林小倩。“主管，你今天有空出来转转了？”林小倩语带揶揄地笑着问。“是啊，这不天气凉了，我来买几件秋天穿的衣服。”我尴尬地笑了一下回答她。她大眼睛忽闪了一下，说：“你们男生肯定买不好衣服，买的又贵又质量不好。还是我来帮你挑吧！”我再次陷入尴尬，回头望望两个朋友，他们挤眉弄眼地挥挥手，溜了。林小倩大方地拉起我的胳膊，也回头朝自己的朋友挥挥手，那几个女孩便也识趣地走了。

林小倩带着我在服装区仔细转了一遍，一会儿要我试这件，一会儿要我试那件，就在我累得满头大汗时，她把我按在休息区的椅子上说："好了，你休息，后面的事儿交给我办。"说完她手一伸，我莫名其妙，她白了我一眼，"难道还要我付钱吗？"我这才明白过来，将钱包塞到她手里。过了很久，林小倩提着衣服再次出现在我面前，我一看，正是我和她都认为不错的几件，而且价钱也比店主最初的开价少了几十元。我一再表示感谢，她颇显得意地说："不用谢，我能帮你做，当然是有把握的啦！"

意外的爱情

林小倩热心地帮我买衣服，可我那天却累得忘记请她吃饭。回到租来的小房间我就睡觉，睡到晚上11点多，一个电话吵醒了我，是个陌生的号码。接通电话，一个甜甜的女声传来："你好啊！"我不知道对方是谁，脑子里飞快地回忆在哪里听到过这样的声音，可惜没有搜到有用的信息。对方见我沉默，语带不快地问道："怎么？不记得我了吗？"为了不让对方难堪，我只好应道："哦，是你啊！""嗯，这还差不多！"这次，她的语气听起来满意了很多。接着，她就开始和我聊天，一直聊到下午买衣服的事，我恍然想起，原来是林小倩。

也不知道哪里来的那么多话题，我们俩从老板聊到同事，从同事聊到朋友，从工作聊到家庭，从家庭聊到学校，就这么漫无边际地聊着，直到手机发烫，电池报警，我一看时间，已经是第二天早晨五点多了。挂掉电话，我赶紧用冷水洗了一把脸，接着捂着发烫的耳朵出门上班了。

其实在买衣服之前，我和林小倩只是普通同事，除了工作上偶尔有交流外，并没有其他更多的接触。她是个漂亮女孩，对她有好感是肯定的，但我绝没有别的想法，因为，在那个时候对我来说，生存才是第一位的，爱情只是一个奢侈品。可是，这个奢侈品却不偏不倚地砸到了我的头上。

聊了一个通宵，我依旧强打起精神去上班，像往常一样，我先把餐馆的卫生仔细检查了一遍，然后给员工开早会，吃早餐……一直忙碌到下午一点多，客人都走了，督促大家做完清洁，我这才觉得困意袭来，便找了个大包间休息。疲劳至极的我一躺下就睡着了，正睡得迷迷糊糊间，忽然感觉有人在亲吻我的脸，难道是妈妈？多像小时候妈妈亲吻我的感觉啊！不对，妈妈的嘴唇没有这么烫。是谁？我是在做梦吗？我努力要睁开眼睛，可是没有成功，我实在太困了。直到那个嘴唇碰到了我的嘴唇时，我才惊得清醒过来，定睛一看，一张漂亮的面孔出现在我眼前，是林小倩！

“你干什么？”这句话没有经过我的大脑就出来了，林小倩有点委屈地说：“我只是吻你一下，你干吗像受了欺负似的？”轮到我不好意思了，脸刷地红了，嗫嚅道：“为什么？”林小倩很认真地盯着我的眼睛说道：“因为我爱你，从我看到你的第一眼起我就爱上了你！”“可你为什么现在才说呢？”我有点不解地问她。她咬着嘴唇犹豫了一下才告诉我原因：“因为我有男朋友，在今天之前都还没有分手。但就在刚才，我已经正式跟他提了分手。”“你为什么要和他分手？”我也不知道我那会儿哪来的那么多为什么。“因为你啊！”林小倩终于笑了。因为我？难道这个世界上还真的会有女孩为我做这样的事？我的脑子里一片混乱，意外、兴奋、难以置信……我自己也不清楚到底想了些什么，以至于林小倩后来又说了很多很多话，我却一个字都不记得了。

我记得曾经看到过这样一段话：人不能活在不明不白的情感世界里，爱情就是爱情，不是同情，不是感动。现在想来，我当时那么快就接受林小倩做我的女朋友，其实更多的是出于感动。

和林小倩确定关系后，我的业余生活丰富了很多，她会在下班后拉着我逛街，我则带着她尝遍各种便宜又美味的小吃。日子就在这样的轻松和快乐中飞快地流逝，转眼就到了春节。

我们恋爱之初我就坦白了我曾经坐牢的经历，她丝毫不介意，还在春节前主动提出和我一起回我家，她说："不管你做过什么错事，爸妈永远都是你的爸妈，他们不会恨你的。看到你现在这么努力，这么优秀，他们一定会替你高兴。"小倩的话打消了我的顾虑，我决定和她一起回家，向爸妈道歉。

果然，当我出现在家门口时，我从爸妈的眼神中看到了惊喜，他们没有怨恨我，而是用温暖的拥抱和激动的泪水接纳了我。对此，我很感激小倩。

可怕的阴谋

2009年3月的一天晚上，我刚下班，和几个朋友在大排档吃饭，几个人聊得正起劲的时候，一个身材壮实的男人走过来大声问道："谁是左非？"我上下打量了他一下，确定这是个陌生人，便告诉他我就是左非。"你就是左非啊！我是林小倩的男朋友！"小倩的男朋友？他们不是早就分手了吗？看着他挑衅的眼神，我明白，来者不善。几个朋友也高度紧张起来，我倒是很淡定，有过以前的教训，我已经不再冲动，而是平静地看着对方，等待他说下去。

小倩的男朋友说了很多，大意就是要我把小倩还给他，他可以当作什么事都没发生过，否则就不要怪他不客气了。说这些话时，他的拳头已经攥得紧紧的了。我始终没有说话，这种威胁是吓唬不到我的，但我也不会再重复以前的错误，除了用沉默来回答他，我实在想不出该做什么。我的态度似乎激怒了那个男人，他气势汹汹地朝我走近了两步，我仍然没有任何动作，他却胆怯了，看了几眼我身边的朋友，恶狠狠地扔下一句：“抢我的女人，你等着瞧！”

事后，我没有去质问小倩，只是简单地跟她提了一下。她似乎一点也不意外，只是关切地问我：“你没受伤吧？”“当然不会，我那几个朋友都在呢，他不敢的，你放心吧！”小倩“哦”了一声后就不再提这件事了。小倩为什么不解释？他们之间到底有没有结束？我心中充满疑问。

两个月后的一天下午，小倩快下班了，她的几个朋友到餐馆等她。说起来，我觉得还真有点不公平，我要好的朋友我都介绍给小倩认识，可小倩的朋友，除了和她关系好的同事外，其他的我几乎都不认识。对于那天来的几个，小倩也只是淡淡地和我说了句“她们是我的朋友”，就去工作间换衣服、收拾东西去了。她那几个朋友似乎都知道我，看她们的眼神我就知道。那几个女孩站在走廊里叽叽喳喳地聊天，等着小倩，我则继续忙手头上的事情去了。

那几个女孩也许就是上帝派来说出真相的信使吧，如果没有她们，我也许会一直被蒙在鼓里，后果不堪设想。她们聊天时，我正好到她们身后的一个包间找东西，无意中听到其中一个女孩说：“这个男孩就是林小倩和大军要设计陷害的人？看上去还挺好的啊，至于非要这样冤冤相报吗？”“是啊。算了，咱们就别掺和了，但愿这男孩命大。”

设计陷害？命大？我怎么感觉她们是在说一个阴谋？我愣在原地想了很久，直到林小倩和她的朋友们走了，我还没有回过神来，她们是在说我吗？我不淡定了，因为我嗅到了一丝危险的气息，我必须要找林小倩问清楚。

林小倩听到我的问话显得很惊讶，她很快就平静下来，沉默了很久，深吸一口气，缓缓开口说道：“是的，你没有听错。我和大军没有分手，我爱的是他，这点从来没有改变过。”“那你之前说的都是瞎话？为什么要这样？”我确实有点难以接受这个回答。林小倩抿抿嘴，说：“其实和我没什么关系，主要是大军。”“我不认识他，他跟我有什么仇？”“你是不认识他，可你一定认识他弟弟，刘晓军！”

天啊，原来大军是刘晓军的哥哥！我明白了，一切都明白了。林小倩还在继续说：“你到餐馆来上班没几天，大军来接我的时候就认出你了。他说这是老天爷给他的一个替弟弟报仇的机会。我是爱他的，没有办法，只能帮他实施计划了。说实话，”林小倩冷冷一笑说，“那天他去找你，如果不是你的几个朋友在场，你现在就和他弟弟一样，终生和轮椅为伴了。”

一个充满仇恨的男人和一个漂亮的女人联手设计一场阴谋，这种情节恐怕只有电视剧里才有吧？若不是林小倩那几个朋友“泄密”，我一定逃不出这个陷阱。现在既然已经知道了真相，我当然必须结束它。

可就在我提出分手后，林小倩再次找到我，说她怀孕了，孩子是我的！“我不需要你负什么责任，这件事我也有错，所以，我只有一个要求：你给我钱去做手术。”这样的要求我无法拒绝，毕竟她是个女人，她只是被另一个男人作为报复的工具，而她本人也受到了伤害。因此，我很爽快地拿出了所有的积蓄——一万多元钱，算是对她的补偿。

可是过了很久，我早已离开那个城市时才听说，林小倩没有打胎，而是和大军结婚，生下了那个孩子。至于为什么，很简单，因为那孩子根本不是我的，是大军的。林小倩以孩子为借口找我要钱，也不过是大军的另一个报复手段而已。

年少的错误

大军为什么会这么恨我？说起来这又是另一个故事了。那也是我为什么在人生最美好的阶段锒铛入狱的原因。

2005年，我刚上高中，正值青春期的我和其他男孩一样，会对漂亮的女生格外关注。当时我们班上有一个女孩叫俞娇，长得非常漂亮，很多男生都追求她，我也不例外。经过一轮轮的淘汰，最后就剩下我和刘晓军还在坚持不懈地追求她。相较而言，我比刘晓军更有优势，我长得比他帅，脑子比他灵，成绩也比他好，所以俞娇的天平渐渐倾向了我，对刘晓军明显冷淡很多。对此，刘晓军很不服气，时常会借一些小事找我的碴儿。比如有一次上体育课，我们做引体向上考试，正好老师安排刘晓军给我计数。等到老师记录成绩时，我发现刘晓军报的数字远远小于我自己数的，我知道是他在捣鬼，可又没有证据，只能补考，而刘晓军却在一旁露出得意的笑容。类似这样的事情发生过好几次，每次都以我的忍让结束，我不想让人觉得我是一个睚眦必报的小气男生。

2005年5月11日是俞娇的生日，家庭条件优越的她准备开一个生日宴会，邀请班上一部分同学参加，我和刘晓军都在受邀之列。那天晚上，俞娇包下了一家大饭店的包房，请我们吃饭。

那晚的生日宴会成了我和刘晓军暗中较劲的场合，我刚站起来给俞娇敬酒，刘晓军也跟着站起来，抢着说祝酒词；我拿起饮料瓶给俞娇倒饮料，刘晓军就抢过她的碗给她盛汤；甚至我随口夸赞俞娇的衣服漂亮，刘晓军都要抢一句：“人家俞娇是人长得美，所以连带着衣服也好看了！”

说实话，那样的气氛真的很尴尬，其他的同学看着我们俩这样较劲都偷偷地笑，而俞娇也没有任何表示，这让我觉得既生气又难堪。接着到了送礼物的环节，刘晓军这次抢了先，他将包装精美的盒子递给俞娇，打开一看，里面是一条价值上千元的水晶项链，引得女同学们发出艳羡的惊呼。刘晓军用挑衅的眼神看着我，好像在说："你这个穷鬼，看你能拿出什么像样的礼物！"

是的，我家经济条件很一般，我买不起昂贵的礼物，只买了一支价值几十元的卡通造型的笔。好在俞娇拿到我的礼物后没有表现出嫌弃，反而一再说她很喜欢，这激起了刘晓军的怒火。于是，在切生日蛋糕时，冲突终于不可避免地发生了。

我在几个要好的同学的推搡下，拿起餐刀去切蛋糕，刘晓军也拿着餐刀过来切，我切到哪儿，他就把刀移到哪儿，故意压制着我。我忍无可忍，抬手推了他一把。这下可好，刘晓军和他几个要好的同学操起餐具、椅子等所有能作为武器的东西和我打起来。

一场生日宴变成了斗殴宴，俞娇非常生气，大声喝止，我的好友赶紧将我拉开，才没有造成更混乱的局面。可我被刘晓军打伤，加上平时他的恶行让我越想越气，终究咽不下这口气，几天后，我邀上几个好友，在放学的路上堵截刘晓军。我本意只是想教训他一下，谁知那家伙拼命反抗，还大喊大叫，我情急之下下手过重，竟然把他打得昏迷过去。经抢救，他还是下肢落下残疾，终生只能与轮椅为伴。

我很后悔年少时的冲动与莽撞，也对刘晓军充满了愧疚，他因为我而失去了正常生活的权利，所以他哥哥大军对我的报复行动我能理解，我也不恨他和林小倩。如今，事情已经过去了好几年，我也早已离开了那个城市，像片浮萍一样四处飘荡。我真的不再奢望爱情，只希望这一生能平静度过就好。

走过“无奈”的雨季：

爱情，只是人生的一部分

我们都有过或叛逆或冲动或敏感或孤寂的青春，也曾做过很多很多如今想来有点可笑的傻事。但这些，都让我们无比怀念。只是，当这些傻事伤害到了别人时，我们就必须为自己的行为承担相应的责任。正如我们这个故事的主人公左非，他为自己的冲动与鲁莽付出了三年牢狱生活的代价。当然，在被伤害人一方看来，这个代价似乎太轻。可是，正如一个巴掌拍不响，刘晓军是不是也负有一定的责任呢？

大家都为自己年少时的错误付出了代价，但请不要被它牵绊一生。哭过悔过后，不要让血色的青春淹没整个人生，请让恨与悔化作前行的动力，如此，才能看到生活的希望。

邢飞扬和我聊了很长时间，从青春的爱恋、悸动与义气说到如今的纠结、无奈与疲倦。真难想象他还这么年轻，语气却已疲惫如斯。正如他自己所说，虽然才23岁，他的头发却已经花白。在外人眼里，邢飞扬性格开朗，凡事都处理得云淡风轻，但其实，他内心却有着旁人无法探知的结。

那些年，我和兄弟一起爱上的姑娘

主人公：邢飞扬 / 男 / 23岁 / 私营业主

那些年，我逃避的爱情

我是个很重情义的人，特别是对我的好兄弟亦文，凡是他想要的东西，我一定会让给他。我和亦文两家是邻居，六岁那年，好奇心很强又不懂事的我摸到电闸触电，如果不是亦文的爸爸及时慷慨解囊，借钱给我父母支付昂贵的医药费，我的人生可能就止于六岁了。那以后，我就在心里默默告诉自己：亦文就是我一辈子的兄弟，无论怎样我都不能亏欠他。

我和亦文同岁，我们一起上学，上同一所小学。我父母长年在外奔波挣钱，爷爷奶奶管束不了我，亦文则被父母宠溺，也不大受约束，所以我们两个调皮鬼联手，成了学校里的孩子王，让老师既头疼又无可奈何。

初中我们仍然同校，但不同班。当时我班上的老师是按好学生带差学生的原则安排座位的，于是，班上成绩最好的女生小雅成了我的同桌，负责带动我这个全班最差生。

看到小雅的第一眼，我那颗懵懂、顽劣的心就被征服了，她是我见过的最美的女孩子，清秀的脸庞，柔顺的长发，还有那一身干净的白色连衣裙，无一不打动我。更让我着迷的是小雅的性格，那么温和，那么乖，即使我偶尔故意捉弄她，比如抓条虫子放到她课桌里，她吓得大叫，也不会生我的气。有了她的相伴，无聊、枯燥的学校生活变得生动有趣起来。

亦文经常来找我，见过小雅几次。有一天，他对我说他很喜欢小雅，想追她，让我好好照顾她，不许我们班上的男生接近她。既然是兄弟的心头好，我当然要义不容辞替他守护。于是，某天下午下课后，老师前脚离开，我后脚就蹿上讲台，对班上的男生宣布："我兄弟亦文要追小雅，你们谁也不许打她的主意，否则，后果自负！"同学们听到这话有的笑，有的议论，小雅则面红耳赤，尴尬地埋头假装看书。

可惜，亦文费了很大的劲追求，小雅都没答应，倒是我，因为帮着亦文传话、送礼物，和小雅的关系越来越近，成了很好的朋友。小雅很爱笑，即使一个很老套的笑话，她都能咯咯地笑半天。她的笑声变成了我上学的动力，我甚至因此都很少迟到了。如今想来，我早就悄悄喜欢上了小雅，只是在那时，我只认定了一条：小雅是我兄弟喜欢的女孩。

中考时，我和亦文没有悬念地落榜，小雅发挥失常，只上了一所普通高中。我没有听从家人的建议继续上学，选择了去广州亲戚开的工厂上班，亦文则被他爸爸花钱送进了小雅考上的那所高中。我、亦文和小雅，就此走上了不同的人生路。

那段爱，我辜负的女孩

其实，我执意要去广州还有一个原因——我感觉到小雅对我有好感，如果继续下去，我害怕我俩会“出事”，那我就对不起亦文了。与其如此，不如趁一切还来得及，远离她。

本以为过不了多久便会忘记小雅，谁知，距离却让她在我心里的分量越来越重，只要闲下来，她灿烂的笑容就会出现在我眼前。我将这份思念深深地埋藏起来，用不羁来掩饰——追求漂亮女孩成了我最热衷的事。我的目标是个叫叶子的漂亮女孩，她和我差不多大，家在安徽，由于家里穷，辍学出来打工。她是个很单纯的姑娘，有着水一般清澈的眼睛，这一点和小雅有点像。还有一点，我说什么她都相信，随便讲个笑话她都能笑得直不起腰来，这也和小雅很像。我虽然追求叶子，可是我却很明白地知道，自己并不爱她。

可是，叶子是认真的，她真的就像我的女朋友一样，会在休息时去我宿舍帮我整理房间、洗衣服，会娇嗔地责怪我没有在情人节给她买巧克力，会主动拉着我的手在繁华的都市街头流连，憧憬着能和我一起留在广州。有好几次，叶子都暗示我，她同宿舍的姐妹不在，我很清楚她的意思，却偏偏装傻，哪儿人多就把她往哪儿带。我从未打算和她有什么结果，所以我不想侵犯她，这是我的底线。然而叶子还是误解了，以为我是出于对她的尊重才没有任何“行动”，反倒对我更加上心。

我去广州的第三年春节，叶子提出带我去安徽见她父母。我当然知道这是什么意思，可我只能找借口推托。叶子很失望，但也没说什么，只叮嘱我和她保持联系。可是，我没有做到。回家过年时，我爸妈要我留在家里帮他们做事，我答应了。其实，这只是我不再去广州的原因之一，另一个原因是，亦文和小雅已经在一起了。

我去广州后，小雅接受了亦文的追求。也许是学校环境太差，也许是受了亦文的影响，好学上进的小雅变了，变得不爱学习，成天跟着亦文混，K歌、蹦迪、上网玩游戏，学习成绩一落千丈，最后只考上了一所护校。亦文更不用说，高考考得一塌糊涂，反正他也不担心自己的前途。

得知我回家的消息，亦文和小雅热情地请我吃饭。那天，我喝了很多酒，看着他们亲热的样子，我忽然觉得心好痛。倒不是因为小雅成了兄弟的女友，而是我对亦文太了解了，小雅和他在一起不会幸福。我开始怀疑自己是不是错了。

懊悔和心痛占据了我整个的思维和情绪，以致我完全忘记了叶子的事，加上我已决定在家发展，便换掉了原来的手机号。直到前年我碰到原来厂里的同事，他们提起叶子，我才猛然记起那个曾经准备和我结婚的女孩。同事说叶子那年春节后上班，发现我没有去，显得非常失落，人憔悴了很多。一年后，她父母在老家给她说了门亲事，她就回去结婚了。

得知这些，我决定重新和叶子取得联系，一定要向她好好解释。终于，我得到了叶子的QQ号。那时叶子已经是两个孩子的妈妈了，她在QQ上说，我欺骗了她的感情。虽然她责怪的话不多，但我觉得字字戳心，愧疚难当。她婚后的生活很不幸福，甚至可以说非常艰难，她老公除了赌博，什么事都不做，照顾孩子、做家务、挣钱全是叶子一个人承担。而我能做的，只有给她寄钱，以此弥补我对她的亏欠。

那场婚礼，我隐秘的寂寞

2009年夏天，亦文告诉我，他和小雅要结婚了。我很诧异，小雅还不到20岁，正在读书，怎么会突然去结婚？还是我妈在家里说些八卦我才知道原因：亦文和小雅之前就有过两次孩子，都打掉了，这次实在不能再打了，所以才赶着结婚。而且小雅已经退学，除了结婚，她还能做什么呢？

小雅对于结婚一事似乎并不是很兴奋，有几次我们聊天时她就抱怨，说亦文最近对她的关心越来越少，好几天都不露面，经常听到关于他的各种绯闻。我是清楚亦文的，他在外面确实有好几个女人，都是风月场所的女子，其中有一两个好像还动了真格，经常纠缠亦文。

也许在这个时候告诉小雅真相，才是最正确的做法，但是我怎么可能这样做呢？亦文与我的兄弟情一直在我心里占据着仅次于父母亲情的位置，即使我知道他有那么多的缺点，知道他可能不会给小雅一个幸福的婚姻，我也不能说出真相。所以，我安慰小雅，说亦文其实只是爱玩，加上有钱，总会被一些心怀叵测的人纠缠、利用。听完我的话，小雅平静地点了点头。

亦文和小雅的婚礼办得非常热闹，场面也大。我是亦文的伴郎，新娘小雅很美，笑靥如花，像天仙一般。我强打精神，用笑脸面对每一个人，只有我自己知道，我心里充斥着多么强烈的忧伤。

婚礼后没多久，小雅就把她那一头长发剪掉了，我忽然感到很心疼，少年时代心中那个长发飘飘的女孩难道就这样永远地离去了吗？心疼的感觉一直困扰着我，在调整好心情之前，我不能再见小雅。正好家里需要我去武汉待一段时间，我便借着这个机会离开了伤心地，却没想到再次伤了别人的心。

在武汉期间，我白天忙完了工作，晚上就会去网吧玩玩游戏或者找人聊聊天。有天晚上，我去商场买了件衣服就去网吧玩。网游玩得无趣，我便加了网吧里几个女生的QQ，给她们一一发视频邀请，结果只有一个女孩接了我的邀请。这是个很漂亮的女生，我在她的镜头里居然发现了我自己的背影，回头一看，那女孩就坐在我后面。女孩叫冉冉，是个在读的大学生。

我走过去和她打招呼，她问我是不是经常用这种方式接近女生，我不置可否地笑笑，她也不再追问，我们很轻松地聊了起来，很快就熟了。她看到我买的衣服，伸手拿过去看了看，很不屑地说这衣服真丑，说完，还故意皱了皱了鼻子，样子很可爱。

和冉冉认识后，我们有好几个月没再见面，偶尔在网上碰到，会简单地聊一会儿。直到那年冬天，我因为心情不好喝了一些酒，去网吧时正好又碰到冉冉，她依旧热情地和我打招呼、聊天，我看着她半天没说话，忽然心中一股冲动，脱口而出："我喜欢你，你做我女朋友吧？"冉冉愣了，犹豫了一两秒后竟然答应了。

冉冉家境很好，是个十足的娇小姐，非常任性。为了拉我出去玩，她可以几天不去上课。我劝过她很多次，要她别耽误学习，她却噘着嘴怪我不理解她。"我还不就是想和你在一起！"逃课也就算了，可她居然索性退了学，这真的把我惊到了，多少人想读都读不成呢，她却轻易放弃了学习的机会。冉冉办完退学手续后，就把她的行李拖到我的住处，说要和我同居。我坚决不同意，连拖带拽地把她和她的行李塞进了出租车。

没了学校这层束缚，冉冉更加肆无忌惮地每天来找我。我开始后悔了，倒不是后悔和她认识被她缠上，而是后悔因为我而毁了她的前途，至少假如没有我的出现，她应该不会退学。当我终于忍不住在电话里说“分手吧，我们真的不合适”时，电话那头沉默了片刻，接着就传来哭声，中间偶尔夹杂着含糊不清的“为什么”、“你要分手，我就去死”之类的话。可即使她哭得很伤心，甚至哀求我不要抛弃她，我仍然没有改变主意，我深深明白，小雅仍然占据着我的心。

那结果，我无奈的选择

2010年年初，我回到了老家，这时小雅的儿子已经出世，非常可爱。可是，小雅的脸上更多的不是喜悦，而是憔悴与忧郁。从小雅的诉说中我了解到，新婚没几天，亦文就开始夜不归宿，现在有了孩子，他更是难见踪影。“我知道他是个花花公子，以前我一直不答应他的追求，也正是因为这个。也许……也许和你在一起，我会比现在快乐。你为什么要把我让给他？”当我听到小雅的这番话时，心仿佛被狠狠地击打。我真的错了吗？

我本来从不和亦文他们混酒吧的，可自从伤害了冉冉，又得知小雅的近况后，我开始频繁出入酒吧、KTV，并在亦文的怂恿下和一些风尘女子交往。之所以这样做，是因为我已经戒酒（和冉冉交往就是醉酒造成的，因此我下决心戒酒），而我又必须找到一个不用欠下情债的情感发泄途径，和她们交往纯粹是交易，我觉得只要付钱，我就不会有亏欠。这期间，我也不是没有劝亦文，他毕竟有家，不能和我们一样放纵自己，可他根本不听，依旧开着他爸爸给他买的车，带着各色女子辗转于各种声色场所。这令我对他一点一点失望，我也一点点积攒起了决心。

2011年七夕节，亦文照旧出去玩了，我没去，而是买了玫瑰花去看小雅。一直盼着亦文的情人节礼物的小雅，看到我的出现，十分意外。那天，我们聊了很久，她哭得很伤心，看着她哭，我的心都要碎了。我紧紧地抱着她，让她在我怀里把心中积蓄已久的委屈、失落和忧郁痛快地发泄出来。就在那一天，我终于得到了小雅，这是我好多年来的梦想。假如我不把兄弟情看得那么重，假如我早点告诉小雅关于亦文的那些不太好的事情，那么现状一定不会是这样。

七夕之后，我对自己说要带小雅离开，去一个没有人认识我们的地方，去过本就应该属于我们的生活。然而小雅的态度一直游移不定，她一会儿说很向往和我一起去过全新的生活，一会儿又说舍不得放下儿子。事实上，我也一样有很多不能割舍的东西。我们俩痛苦着，纠结着，犹豫着，迟迟无法下定最后的决心。这大半年来，我的头发都白了不少，不认识我的人还以为我都三十多岁了。

今年春节，家人给我介绍了一个对象，对方是个比我大三岁的女孩，她很成熟，凡事都能想得很周到，对我也很体贴，我和她在一起感觉非常轻松、舒服。交往了不到一个月，对方就提出今年结婚，因为她年龄不小了，既然我们双方都满意，就不必再犹豫。我答应了。

上个月还在纠结要不要带着小雅私奔，这个月就已经和另外一个人谈婚论嫁，这的确让人匪夷所思。可是我真的累了。而且我发现，只要亦文回家，小雅的心情就会格外好，想和我在一起的愿望就会消失。也许，她还是很爱亦文的，我何必再去添乱呢？就这样，我们各有各的家庭，可能是最好的结果。

走过“暗恋”的雨季：

暗恋是一幅画，适合收藏

邢飞扬说，他的心里无法装下小雅以外的任何女人。我却以为，这不过是男人的初恋情结在作祟。初恋之所以会那么让人难以忘怀，很大程度是因为初恋多发生于青春萌动时。那时一切都还朦胧不清，少男少女们似懂非懂，所以会彼此间产生强烈的神秘感和好奇心。也正是这份神秘和好奇强化了彼此的吸引力。有些人甚至还会放大对方的优点，忽略对方的缺点，把他（她）完美化，并将这份完美深深烙印在心底。邢飞扬正是如此，哪怕小雅只是剪掉了长发这一他心目中的完美元素，都会让他心疼不已。

其实，小雅的人生是她自己选择的，与邢飞扬无关。她的埋怨和摇摆不定均来自于她的丈夫对她的态度，这也不是邢飞扬能够左右的。所以，我只希望邢飞扬记住：逝去的已经成为历史，把握现在才是最明智的选择。假如已经决定结婚，就全心全意去对待那个将一生托付于你的女人，她的幸福才是你应该关注的。

凌致打来电话时说，他正在医院打吊针，原因是抗抑郁药服用过多。可我从他的语气中却怎么也听不出他是个需要服用抗抑郁药物的人，因为他说话带有明显的80后风格——自信，阳光，爱调侃，还喜欢用点新鲜词汇。即使说起那段让他痛苦至今的感情，他也没有半点颓废、沮丧，有的只是自我反省与执着。

满足她的欲望，失去我们的爱情

主人公：凌致 / 男 / 29岁 / 商人

单纯女孩，让我心疼

假如抛开感情的事，我认为我还算是个比较优秀的年轻人，16岁考上大学，毕业后因表现好、成绩好留校任体育老师，虽然现在我早已不是光荣的人民教师，但我的收入和生活水平在我的同学中也还算是不错的。只是，在处理感情，准确地说是对待女朋友的问题上，我却犯了很大的错误，致使我最终失去了她，甚至失去了一辈子的幸福。

我大学毕业前，也就是1999年，通过同学认识了准备考艺术院校的茵茵。

那时的茵茵漂亮、单纯，干净得就像一块无瑕美玉，让我看到她第一眼就有种爱不能弃的感觉。果然不出我所料，她确实单纯，我没费多大力气就赢得了她的好感，使她成了我的女朋友。

茵茵准备考试时，我刚刚留校。为了帮助她考上她向往已久的那所艺术院校，我动用了所有关系，终于使她如愿以偿。当然，这完全是我自愿的，茵茵并没有提出这样的要求。

茵茵考上大学后，为表示庆祝，我带她去吃肯德基。对于当时的我来说，吃那样的洋快餐早已不是新鲜事了，可对小城市来的茵茵就不同了，她一进去就很好奇，也很兴奋，东瞅瞅西看看，吃起东西来也很有胃口。看着她的样子，我就想，这样纯朴的女孩子，我一定要好好待她，尽我所能让她享受到最好的生活。

每个周末，我都要带茵茵逛街，对于各种服装品牌，茵茵一概不知，我都是凭着自己的经验给她挑选。记得当时比较流行的牌子有真维斯、班尼路等等，我给她买了几件，后来再见面时她特别高兴，说那是她第一次穿“名牌”，同学们都知道那个牌子。

可是没过多久，这种状况就改变了。她在同学的影响下，渐渐知道了一些档次更高的品牌，不仅是衣服的，还有化妆品、首饰等等，逛街的时候，我不再起主导作用，直接沦为拎包的和付账的。不过，我觉得这样也好，她自己选，省得我费心。

此后，茵茵就经常给我讲她学校的事情，比如谁穿了双上千块钱的鞋子，谁去烫了个非常漂亮的头发，谁去高档西餐厅吃了牛排，说的时候脸上流露出的满是羡慕的神情。我不想让自己心爱的女孩在同学面前没有面子，便也给她买很贵的鞋子，带她烫最流行的发型，带她去吃西餐，还给她买了一部手机，让她也可以在同学面前好好炫耀一把。可以说，她很多很多的第一次都是我给的。

应她要求，我换工作

大学的第一学期结束时，茵茵就和刚入学时的样子大不相同了，确切说是变得更漂亮更时髦了，我的同学、朋友看到她都夸我艳福不浅，我自然也高兴。

但是，变的并不只是外表，她的想法也变了很多。有一次，她跟我聊天，毫不例外，又跟我说起了她的同学。她说她寝室有两个女孩，找的男朋友都是政府机关的公务员，她们或者她们家人想办个什么事，只要说一声，男朋友就立马给她们搞定。在寝室谈起这些的时候，那两个女孩非常神气。说到这里，茵茵噘着嘴说："我又不是长得比她们差，凭什么干看着她们神气！"见我不说话，她继续说，"你虽然是个大学老师，但是，"她顿了顿，看了我一眼，"教体育的恐怕难得混出个名堂来。你说呢？"我已经有点明白她要说什么了，我说："你想要我换个职业？"茵茵满意地点点头，说："公务员社会地位高，福利好又稳定，不如你试试今年的公务员考试吧，说不定能考上呢！"我想了想，觉得她说得没错，便答应了。

经过几个月的准备，我在考场上过五关斩六将，最后还真的考上了。接到通知的那天，茵茵比我还高兴，在电话里尖叫了好半天，还说要跟寝室的姐妹们宣布这个好消息，让她们看看她茵茵的男朋友多优秀，没有任何背景，照样能当公务员。听到她那么高兴，本来有点舍不得离开学校的我心情也好了很多。

然而，公务员是实行坐班制的，不像老师有很多自由支配的时间，而且还要经常加班，因此我陪茵茵的时间也少了很多。那年的五一节，我加了几天的班，只陪茵茵逛了两天街，尽管给她买了不少东西，但我看得出，她还是有点不高兴。长假过后，她抱怨说，她们寝室的女孩子都和自己的男朋友出去旅游了，而她和我在一起快两年了，我还从没带她出去玩过，她自己更是连湖北省都没出过。别人聊起各地好玩好吃的，她只有听着的份儿，连话都插不上，太丢人了。“这有什么难的！”我拍着胸脯说，“以后每年的假期我都带你出去旅游，好不好？”“那十一你就带我出去旅游！”“没问题！”

我绝对是个说话算数的人，之后每年的长假我都带着茵茵出去玩，第一年因为囊中羞涩，我只带她去了趟江西的彭泽湖。尽管去的地方不远，花费也不多，但那毕竟是茵茵第一次外出旅游，她玩得别提多高兴了，现在看看那时拍的照片，每张上的她都是一张无比灿烂的笑脸，写满开心与新奇。后来，我们去的地方越来越多、越来越远，花费也越来越高，可照片上的茵茵却没有了第一次出去玩时那么灿烂的笑脸了，她唯一不会忘记做的，就是拍很多照片，买很多当地的纪念品，因为，她要回去给她的同学看，让她们不会怀疑她确实去过那些地方。

欲望升级，我咬牙买车

也许，人的欲望就是在和周围人的比较中不断升级的。之前，茵茵的愿望我都无一例外地满足了，因为那都还在我的承受范围之内。到了她大三那年，她忽然提出一个要求：买车，这可就不是我一下子能办到的了。其实她提出这个要求的原因和以前一样——她几个同学的男朋友都买车了，每次都会开着车去学校接女朋友，那场面别提多拉风了。而且那几个女同学自从男友买车后，和人说话时头都扬得比原来高些。“只有我，还得跟着你挤公交。我那双八百多元的皮鞋就是在挤公交的时候被踩坏的。要是你有车，怎么可能会有这样的损失呢？”说着说着，茵茵居然眼泪都快出来了，我吓得赶紧向她保证：半年内一定买车。

大话说出了口，可怎么兑现呢？以我在机关里每月千把块钱的工资，怎么买得起车啊？就在我一筹莫展的时候，我的哥们小刚给我出了个主意，让我买辆二手车。我想想也对啊，二手车虽然不如新车好，但它便宜，我咬咬牙也能买得起。最关键的是，这样一来，我不就实现了我的承诺吗？说干就干，我上网查，托朋友打听，终于买到了一辆二手富康车。

听说我买了车，茵茵连课都不上了，溜出来说要过下瘾。但当她看到是辆旧车时，脸上的表情僵了。我赶紧解释说，现在手头不够宽裕，只能买个二手的，等以后条件好了，一定给她买辆新车。见我说得诚恳，茵茵也就不再说什么了。

一个周末，我没有提前打招呼就开着车去学校找茵茵。结果去了她们寝室我才发现，除了一个女生在看书，其他人都不在。那个女生叫菲儿，是茵茵平时最不待见的，不为别的，就因为菲儿长得漂亮，是他们班的班花，一大帮男生整天围着她转。这次我见到菲儿本人，发现她确实是美女，待人也很真诚，便坐下来和她聊天。聊了一会儿，我看茵茵还没回来，就邀请菲儿一起吃饭。菲儿犹豫了一下，竟然答应了。

当菲儿坐上我的车时，她笑着说：“你这车还不错啊，怎么茵茵总是抱怨说你开的是破车，让她没面子呢？”“她这样说过吗？”我心里一沉，看来她还是不满意。菲儿很聪明，发觉这话说得不合适，立刻转移了话题。

其实，我请菲儿吃饭，并没有什么意图，只是想和茵茵的同学交个朋友，同时也从侧面了解一下茵茵所处的环境。没想到，这事不知怎么被茵茵知道了，她本来就对菲儿不待见，结果和我大吵了一架，无论我怎么解释都不行，然后就是关机了一周。好在她没有提分手，我就知道，她只是惩罚我一下。于是，我天天下班到学校等她，终于在周六的晚上等到了。我再三恳求她的原谅，保证以后决不再做这样的事。“保证没用，你得补偿我！”茵茵这话一出口，我的心彻底放下来了，问道：“你要什么补偿？我统统满足！”“我要去香港买LV的包包、迪奥的香水、芬迪的鞋子……”她话没说完，我的头已经点得快要掉下来了。我哪里知道那都是些奢侈品牌啊。当我陪着她去了香港，看到她所要的那些东西的价格时，我真是吓得不轻，揣在兜里的两万块钱也“尸骨无存”了。

不过，那两万块钱总算换来了茵茵的原谅，这让我稍许平衡了一些。

辞职下海，初谈婚嫁

茵茵对二手车的不满还是爆发了。起因是我去学校接她时正好赶上她另一个同学的男友开着一辆好车也在宿舍楼下。茵茵上车后，脸一直阴着，我还不知道是为什么。晚上送她回校时，还没到大门口，她就要下车，说：“你开这破车进去，还不如我自己走进去呢！”

茵茵的话让我思考了好多天。其实，在当时那个单位里工作，我早就觉得憋屈了，明明是我做的事，功劳却总是被那些有后台的人抢了，想要得到提拔，少说也得熬个十年八年。要想达到茵茵的要求，这样混着肯定是不行的，我必须自己出去赚钱。

经过一番准备，在我的小公司初具规模时，我办理了辞职手续，正式下海。因为早就联系好了几单生意，公司一开张就赚了点钱，因此，茵茵对我辞去公职倒也没有表现出不满。不久，我就把二手车卖掉，换了一辆十几万的新车，总算是去掉了茵茵的一块心病。

2005年年初，还有半年茵茵就毕业了，我开始寻找机会跟她说我一直想说的事。正好有天她说还没去旋转餐厅吃过饭，我就带着她去了一家五星级酒店的旋转餐厅。看着窗外缓缓移动的景色，我拉着茵茵的手说："我们在一起有六年了，今年你就要毕业，我想，明年，也就是2006年的6月6日咱们结婚吧，然后2008年8月8日生个小宝宝，多吉利的数字啊，好不好？"对于我的数字迷信，茵茵一向很鄙视，她笑了一下，说："结婚？拿什么结婚呢？至少得有个房子吧，不然结了婚还住在租来的房子里吗？那我爸妈都不会答应的！""说的也是。不过没什么大问题，你毕业前我一定办到！"仗着自己当时还有点钱，我又拍了胸脯。茵茵则淡淡地说了句："等买了再说吧！"

我这人是说干就干，两个月后，我就一次性付清全款，买了一套100平方米的房子。一番精心装修后，我和茵茵提前搬进了新居。但是，初入新居的兴奋劲很快就过去了，我们俩住在这个大房子里，交流反而变得越来越少。茵茵要么看电视要么上网，我则因为车子、房子和装修，钱花得已经剩得不多了，所以整天考虑怎么多赚钱，回家也是忙公司的事。可我并不觉得这种平淡不正常，我认为，再热烈的爱情终归是要变成亲情，表面平淡，内里却是骨与肉的关系。

2006年的春节，我和茵茵一起回她家过年，目的是想跟她父母提一下结婚的事。茵茵的父母都是普通工人，但是心气不低，对我不太热情。我想和茵茵商量一下怎么说，可她常常把我丢在她家，自己一整天不见踪影。初三的晚上，我陪着茵茵的家人打麻将，眼看着都十点多了，茵茵还没回来，我顺口说了句："都这么晚了，茵茵怎么还不回啊？"没想到，她妈妈白了我一眼，扭头对茵茵的姨妈说："还没结婚呢，就想管着我家闺女了，也不看看自己才多大点本事，开个小公司就以为自己不得了啦！"这话气得我半天才缓过来，本想回敬几句的，但一想到她是我未来的丈母娘，我只有忍气吞声，第二天就开着车和茵茵回武汉了，结婚的事也暂时搁下不提。

返回的路上，茵茵不停地发短信，整整发了一个小时，一句话没跟我说。我终于忍不住问她在和谁发短信，她支吾着说是她爸爸。哈！她真是太蔑视我的智商了，有谁见过哪个女儿能和自己的爸爸发一个多小时的短信？更何况她爸爸会不会发短信还是个未知数！这里面肯定有问题。但我还是故作平静地说："哦？跟你爸都说些啥呢？""就是问些路上的情况，没什么。"她的回答是假话，可我不打算追问了，没意思。

七年情分，一朝崩裂

由于公司的员工要元宵节才上班，我回武汉后也就没去公司，每天在家休息。有一天，茵茵出去和同学聚会，把手机落在家里了，于是我干了一件自己最不耻的事——查看她的手机。她初四那天发的短信还没删，我偷偷记下了那个号码，并给对方发了一条短信："你是谁？"对方很快回话："我是未明，你是哪位？”原来是他！以前茵茵跟我提过这个人，他是她的高中同学，两人曾经有过一段很暧昧、青涩的感情，后来那家伙去了广州。没想到他们还有联系！我很生气，回了五个字：“我是刘德华”，就关了机。第二天一早，我又干了件自己很不耻的事——打印出茵茵近几个月的通话清单。结果显示，她和未明的联系已经有一段时间了。

我真不知道为什么要查这些，因为我不打算揭穿，也不想因此和茵茵闹翻，给她一个和我分手的理由——知道这些，只会折磨我自己。

很快，2006年的情人节到了，我想趁这个机会把我和茵茵的事定下来，免得夜长梦多。我提前在一家餐厅预订了座位，买好玫瑰花、戒指交给餐厅经理，并和钢琴师预约了一首茵茵最喜欢的曲子。2月14日晚上，我和茵茵在餐厅坐定后，按照我的安排，餐厅工作人员拿出了玫瑰、戒指，钢琴师也弹奏起了美妙的音乐，我单膝跪在茵茵的面前，请求她接受我的求婚。一向爱浪漫的茵茵这次的反应很冷淡，她没有接受我的花和戒指，只是说了句：“你快起来，别这样！”“为什么？你总得给我一个起来的理由吧？”我的心开始变凉，但我还是要做最后的努力。“没什么，我不想和你结婚，咱们分手吧！”我最不想听到的两个字还是从她嘴里蹦出来了，我不愿接受，只是恳求她给我理由。起初茵茵一直不肯说，直到我跪了两三个小时，周围的人都投来异样的眼光时，她才说是因为未明。她说未明在广州发展得不错，过年时的见面又唤起了他们曾经的美好感情，她觉得她真正爱的是未明。而我，现在这样的状态让她很没安全感，经常一两个月没有收入，说不定哪天公司就会倒闭，她实在承受不了那样的现实。

她的理由让我无话可说，我站起来了，但心却沉得像一个铅块。茵茵见我情绪低落，便一直陪着我，我们俩在寒风中走了很久，我的眼泪也在寒风中无法控制地流着，流了整整一个晚上。我怀疑，那一晚我已经把一生的眼泪都流干了。但茵茵并没有因此放弃她的决定，她只是不停地安慰、解释，可这些对我有什么用呢？

分手后，茵茵给我打来电话，让我把她的东西清理出来，她来取。我家有六个衣柜，五个半都装着茵茵的衣服，鞋帽间里也全是她的鞋子，大概有六七十双，还有很多很多小东西，当然所有的这些都是我给她买的。当她把她的东西拿走后，我猛然发觉，没有了她，我的房子几乎是空的。七年来，我的世界里全部是她，我自己究竟在哪里？

茵茵和我一分手就去了广州，很快和未明结了婚，现在已经有了孩子。而这三年来，我却始终走不出来，尽管也接触过不少条件很好的女孩，但没有一个能让我动心。我表面上还是那么阳光快乐，其实只有我自己知道我的内心有多苦，否则我不会依靠药物来支撑自己的精神。

我也很深刻地反省过自己，导致这样的结局，我有很大的责任。两个人在一起，是要经营感情的，一味地满足对方的物质需求，除了培养她不断升级的消费习惯，并不能让她对你的感情有所升华，反而会让她在你稍有不顺时离开，结局就是我这样——人财两空。不过，我跟我的朋友说过，如果有一天茵茵的婚姻出了问题，我还是愿意接纳她，甚至包括她的孩子，因为在我心里，她是这个世界上唯一适合我、我最爱的女人。

爱过，便是幸福的

凌致在讲述过程中说了这么一件事：他有一个同学，在中学教书，月收入两千来块，朝九晚五，虽清贫，却快乐。但是，在和凌致一起去了几次酒吧、KTV之后，那个同学不快乐了，因为他喜欢了上了那种灯红酒绿、五光十色的生活。我想，当他看到凌致豪爽地请客时，他的心里并没有凌致所期望的亲近，有的可能更多的是羡慕与嫉妒。

金钱并不能拉近人们的心灵。在凌致和茵茵的交往中，这样的情况也许同样存在。当凌致拼命努力挣钱，甚至不断改变自己的人生道路来满足茵茵时，其实茵茵内心并没有生发出更多凌致所期望的东西，反而与凌致在不同的道路上渐行渐远，以至于他离她的要求稍微有点距离时，她便会选择离开。我并不认为茵茵的离开是件坏事，至少它让凌致反思，明白自己到底做错了什么，在以后的感情中不再犯同样的错误。至于将来茵茵不幸福仍然接纳她的想法，希望凌致也不要再有了。放下过去，重新真诚、成熟地开始下一段感情才是最好的做法。